AF599609

Cómo percibir

Vicente Luis Mora
Carlos Peinado Elliot
Manuel Ángel Vázquez Medel

Cómo percibir

Guía sensorial de escritura creativa

ALBA

ALBA **GUÍAS DEL ESCRITOR/TEXTOS DE REFERENCIA**

Baixada de Sant Miquel, 1 08002 Barcelona
www.albaeditorial.es

DISEÑO: Pepe Moll de Alba

PRIMERA EDICIÓN: junio de 2024

ISBN: 978-84-1178-076-6
DEPÓSITO LEGAL: B. 9414-2024

IMPRESIÓN: Liberdúplex, s. l. u.
Ctra. BV 2241, km 7,4 Polígono Torrentfondo 08791 Sant Llorenç d'Hortons (Barcelona)

IMPRESO EN ESPAÑA

Índice

Introducción

No escribes con las manos. Tampoco escribes con un teclado ni con bolígrafo, pluma, lápiz, estilográfica, birome o cualquiera de los nombres que des a tus instrumentos habituales de escritura. No; en realidad el proceso es más sencillo. Incluso obvio, si te paras a pensarlo.

Escribes con tu mente. O, para ser más exactos, con tu cabeza, con el conjunto indisoluble formado por tu mente y tu cuerpo. Ahora te parece una obviedad, pero hace un momento lo habías olvidado, porque siempre estamos concentrados en nuestras manos a la hora de escribir, hasta tal punto que decimos *manuscrito, escribir a dos (o cuatro) manos, escribir a mano alzada, ponernos manos a la obra* o expresiones similares que, metonímicamente, parecen aludir a la responsabilidad exclusiva de nuestras extremidades superiores en la ejecución del gesto literario. Como si fuesen ellas quienes mandaran y quienes creasen las páginas de la nada.

El hecho de escribir con la mente corporeizada tiene su importancia, porque, al pensar en ella como el instrumento real de escritura, el proceso se percibe de otra manera y la forma de entrenamiento y capacitación, para mejorar la escritura, también se altera ligeramente. De pronto ya no tenemos que desarrollar un «gesto» práctico, ya no necesitamos trucos o herramientas para desempeñar un quehacer. No, la perspectiva ha cambiado: somos nosotros mismos quienes debemos desarrollarnos, es nuestra mente la que debe pulirse. No se trata de aprender unos mecanismos o interiorizar un decálogo. Se trata de *crecer.* De ahondar en la capacidad perceptiva y de ensanchar nuestra cosmovisión.

Para escribir hay que afinar los instrumentos, sí; pero el principal instrumento somos nosotros.

La voz

La habrás oído muchísimas veces. Habla dentro de tu cabeza y te habla solamente a ti. En este preciso momento tiene un tono especial, neutro, como de máquina parlante o de presentador de telediario, porque está «dictando» dentro de tu cabeza estas palabras que recorres con los ojos. Quizá hasta ahora mismo no te habías dado cuenta de que además de leer estos signos negros escritos sobre la página, *también los escuchas* en tu cabeza.

Esa voz cambia de vez en cuando, y te propone ideas o te dicta frases singulares, párrafos completos o versos de poemas que no tienes más remedio que escribir. Esa voz te obliga a sentarte a la mesa y generar mundos. Los antiguos hablaban de «musas», una especie de diosas, númenes o fuerzas exteriores que llegaban a los escritores desde el exterior y les dictaban las obras literarias. Más tarde comenzó a hablarse de inspiración y se localizó su fuente en la propia persona que escribía. Rodaron los siglos y pasó a hablarse del «inconsciente» en el siglo XIX (con Freud, Jung o Poincaré, entre otros estudiosos de la psique y la inventiva), y comenzó a barajarse la posibilidad de que la inspiración o la imaginación anidaran, en buena medida, en ese inconsciente. Y se estableció una relación –incomprobable, pero intuitiva– entre el dictado de esa parte interna a la que apenas tenemos acceso y esa *voz inspirada* que, cuando ella quiere, nos dicta las obras y nos susurra las buenas ideas en general y las líneas y versos en particular.

Una excelente poeta austríaca, Ingeborg Bachmann, recomendaba: «Es tiempo de prestar atención a esa voz, de transferirle nuestras palabras, nuestros tonos, de hacer posible que llegue, con el mejor de los esfuerzos, a los que esperan». Pues eso es un escritor, como decía el narrador francés Pierre Michon en una entrevista: aquel que espera el texto, quien está a la escucha de las palabras por venir.

Percibir y materializar

> La luz, los árboles, las flores del paisaje inglés comenzaron a aparecer en mis versos, para matizarlos con un colorido y claroscuro nuevos. Así fue el norte completando en mí, meridional, la gama de emociones sensoriales.
>
> *Historial de un libro,* Luis Cernuda

Pasar de lo concreto a lo abstracto será uno de nuestros objetivos. Lo hacemos a diario, de continuo, pero a lo largo de este libro vamos a hacernos conscientes de aquello que suele pasar desapercibido o de incógnito por nuestra mente (*Incógnito* se titula, por cierto, un interesante libro sobre el cerebro del neurocientífico David Eagleman). Porque, al captar el modo en que percibimos, procesamos y materializamos las ideas en el papel o la pantalla, nos haremos más sensibles a esos pasos y podremos extraerles todo el partido.

Para ello, vamos a realizar una serie de ejercicios, de corte sensorial y cognitivo, que nos ayudarán a entrenar la receptividad de nuestros sentidos; de esa forma, afinaremos el esfuerzo cognitivo para ponerlo al servicio de la escritura. Trabajaremos y ensancharemos la mirada, desarrollaremos el tacto, entrenaremos el oído, y, dentro de lo posible, ahondaremos en el gusto y el olfato. Creceremos para convertirnos en radares sensitivos. Convertiremos nuestro cuerpo en un «perceptrón» multisensorial que nos permitirá captar mejor el entorno y, gracias a ello, ser luego capaces de crear textos que el lector pueda *ver, oír, tocar, saborear y oler,* gracias a lo cual su sensación de inmersión en la lectura será más profunda, cálida y perdurable. Pondremos ejemplos magistrales de voces literarias de todas las épocas que lograron hacernos sentir sus textos con todo el cuerpo y no solo con la parte más lógica y cerebral, e intentaremos imitarlos. Porque la imitación de las mejores obras es el comienzo de un largo proceso hasta encontrar nuestra voz propia e inconfundible. De la misma forma que aprendimos a hablar escuchando e imitando a nuestros padres, no hay otra forma de aprender a escribir que leyendo a las autoras clásicas y a los grandes escritores.

Este libro

Ponemos este libro a tu servicio con la máxima ilusión. Es fruto de años de investigación teórica, pero, sobre todo, de década y media de experiencia en talleres de creación literaria (públicos y privados, en España y en el extranjero) y de la práctica continua en el Máster en Escritura Creativa de la Universidad de Sevilla, que desde 2009 ofrece una formación completa y oficial a quienes desean completar su desarrollo literario. En cada sección encontrarás un primer acercamiento a la cuestión abordada, y luego una serie de ejercicios dirigidos a incrementar la percepción en general y la sensibilidad sensorial en particular. También añadiremos a veces otros ejercicios más breves para ahondar en las distintas materias tratadas. La idea es propiciar un trabajo general de ensanchamiento perceptivo que después iremos aplicando de diversas maneras, mediante ejercicios ideados para producir efectos concretos.

Al ser el resultado de la escritura de tres personas, en estas páginas advertirás ligeras diferencias de estilo o de estructuración de los temas. Aunque se ha buscado cierta homogeneidad al realizar las correcciones finales, hemos pensado también que esta diversidad es muestra precisamente de los tres modelos cognitivos empleados en su redacción. De manera intuitiva, en *Cómo percibir* se aprecia que hay tres sensibilidades y tres modos perceptivos a la hora de encarar la escritura y, en concreto, la descripción de la escritura creativa. Por eso hemos preferido no borrar lo humano singular que había en las diferentes partes, en la senda del conde de Buffon, que sostenía que el estilo es la persona misma.

En el diseño de estas actividades hemos tenido en cuenta investigaciones científicas procedentes del ámbito de la psicología cognitiva y la neurociencia, para intentar que ciencias y letras encuentren un terreno propicio de entreverado y trabajo conjunto. Esperamos, sobre todo, que te diviertas con estos consejos, sugerencias y ejercicios, porque escribir, entre otras muchas virtudes, es una de las actividades más fascinantes, cautivadoras y entretenidas que pueden hacerse. Como decía Lope de Vega, «quien lo probó lo sabe». ¡Ánimo!

I
Trabajar la percepción en el texto: cómo mostrar

El filósofo Aristóteles decía que nada les gusta tanto a los seres humanos como mirar, y que prefieren la información visual a cualquier otra. Ese imperativo antropológico se refuerza en las cuestiones artísticas: al arte, según el Ortega y Gasset de *Ideas sobre el teatro y la novela,* le mueve «un magnífico apetito de ver» (1982, p. 21). Los artistas plásticos y arquitectos tienen muy sencillo cumplir ese deseo de contemplar objetos sugestivos –ya sean fascinantes, provocadores, convulsos, repulsivos o hermosos, pues la identificación entre arte y belleza terminó, por fortuna, hace siglos–, pero quienes escribimos también podemos *visualizar* mediante la escritura, llegado el momento, logrando que la persona que nos lea pueda *ver* con mayor o menor detalle lo que sucede tras las palabras. Hay algunas herramientas que pueden ayudarnos a ello.

La mostración narrativa

Si hablamos de prosa narrativa, la herramienta más antigua es, desde luego, la descripción –también hay descripciones en poesía y teatro, pero su lugar en ellas es, al menos históricamente, secundario–. Gracias a la descripción, novelistas y escritores de cuentos solían ambientar con todo lujo de detalles escenarios reales o inventados, mostrando al lector colores, texturas, objetos, atmósferas, movimientos, climatologías y sensaciones térmicas, tonos de luz o gamas de penumbra, y un infinito etcétera que llegó a su cenit con las novelas realistas y naturalistas del siglo XIX. Pensemos, por poner algún ejemplo, en las exhaustivas descripciones presentes en algunas obras de Balzac o Galdós.

En nuestros días, sin embargo, el uso de la descripción ya no es tan necesario, porque nuestros ojos tienen una amplísima educación visual. Gracias a la televisión, los ordenadores y los teléfonos móviles, no necesitamos que nos describan la Torre Eiffel, ni cómo es un elefante, ni qué aspecto tienen las pirámides de Guiza, ni cómo se extiende un desierto o se agolpan los rascacielos de Shanghái. Somos capaces de distinguir de un vistazo la campiña inglesa de las praderas estadounidenses o de las rectas extensiones de la Pampa argentina. Nuestra cabeza atesora innumerables archivos de infinitos tipos de telas, maderas, osos, pájaros, muebles, materiales de construcción, animales domésticos, piedras preciosas, vegetales, plantas de interior, alimentos, rocas y un inacabable etcétera. En rigor, si incluimos dentro de una novela un colibrí o un tiburón blanco, la detallada representación de sus características, formas y colores que hubiera sido necesaria en los siglos XVIII o XIX, para hacer visible su aspecto externo a lectores que nunca los habían visto, hoy deviene inútil y sobrante, porque ya sabemos qué apariencia tienen.

La minoración de este requisito no nos libera, sin embargo, de una importante necesidad narrativa: la de que los lectores *vean lo que sucede* en la narración. Es decir, que tengan una viva impresión de todo lo que les ocurre a los personajes y, salvo estrategias deliberadamente ambiguas o neblinosas, tengan los acontecimientos contados frente a los ojos mentales, de modo que puedan verlos y entenderlos con claridad. De otro modo, nuestra novela o nuestro cuento pueden parecer desvaídos y torpes, difuminados en una neblina en la que perdemos el hilo narrativo. Recordemos la dura opinión de José Ortega y Gasset sobre la capacidad de mostrar de Emilia Pardo Bazán:

> En una larga novela de Emilia Pardo Bazán se habla cien veces de que uno de los personajes es muy gracioso, pero como no le vemos hacer gracia ninguna ante nosotros, la novela nos irrita. El imperativo de la vida es la autopsia. Nada de referirnos lo que un personaje es: hace falta que lo veamos con nuestros propios ojos. Analícense las novelas antiguas que se han salvado en la estimación de los lectores responsables, y se verá cómo todas emplean ese mismo método autóptico. Más que ninguna, el *Quijote*. Cervantes nos satura de pura presencia de sus personajes. Asistimos a sus auténticas conversaciones y vemos sus efectivos movimientos. La virtud de Stendhal se nutre de la misma fuente (1982, p. 20).

Aunque no coincidimos con la opinión del filósofo respecto a Pardo Bazán, que nos parece una autora valiosa y de notable capacidad narrativa, sí que nos parece exacta su vindicación de la visualidad de la escritura, así como su ejemplificación en el modelo cervantino, pues es cierto que en nuestra mente están tan diáfanas la imagen del Big Ben londinense como la estampa de don Quijote y Sancho recorriendo las áridas llanuras de la Mancha a lomos de Rocinante y el rucio, o del loco de Alonso Quijano arremetiendo contra los molinos de viento. Sin dejar de ser literarias, sin haber existido nunca en la realidad, son imágenes universales, que gran parte de los seres humanos tienen en su cabeza, incluso sin haber leído el *Quijote:* tal es el poder de la escritura de los genios.

El narrador Andrés Ibáñez tiene un excelente artículo, cuya lectura te recomendamos[1], en el que, a partir de un solo párrafo, levanta toda una teoría del poder de visualización de la prosa. El párrafo en cuestión es el comienzo de un relato de Kafka, «El cazador Graco»:

> Dos niños estaban en el muelle jugando a los dados. Un hombre leía un periódico en los escalones de un monumento a la sombra del héroe que blandía un sable. Una muchacha llenaba un cubo de agua en la fuente. Un vendedor de fruta estaba junto a su mercancía y miraba al mar. A través de las ventanas y de la puerta abierta de una taberna, se veía, al fondo, a dos hombres bebiendo vino. El tabernero estaba en primer término, dormitando sobre una mesa. Una barca se adentraba silenciosa en el pequeño puerto, como si el agua la llevara (en Ibáñez, 2014).

---

[1] Se titula «Pequeño curso de literatura» *(Revista de Libros,* 2014) y puedes leerlo en esta página web: https://www.revistadelibros.com/pequeno-curso-de-literatura/.

Para Ibáñez, este párrafo, aparentemente sencillo, contiene unas características muy útiles para nuestros intereses como narradores. Para empezar, cada una de las frases ofrece al lector una imagen tangible y diferenciada; además, se genera un movimiento entre los diversos personajes y lugares mencionados, que los entrelaza. Según Ibáñez, «todas las frases nos proponen ver algo. Para lograrlo, todas las frases suceden en el espacio y expresan claramente la posición de los objetos y las figuras en el espacio». Las conductas recreadas expresan calma y placer, y todas las imágenes presentan «dos elementos que se relacionan», además de que el propio párrafo mezcla esas estampas de un modo cognitivamente único, invitando al lector a percibir una realidad que hasta entonces no existía, conectando distintos hechos y objetos de una manera solo en apariencia aleatoria. Y ese es, a juicio de Ibáñez, el valor del párrafo de Kafka: «En esto consiste la literatura: en *relacionar cosas que no tienen en realidad nada que ver*», pero cuya percepción unida y compleja funciona gracias al tegumento literario. Por eso es tan importante mostrar a la hora de escribir, porque el mero hecho de pensar cómo vamos a visualizar lingüísticamente las ideas aumenta nuestra percepción y ensancha nuestro mundo interior. Y esa es la única forma de que al lector le suceda lo mismo al leer.

Una invitación de Levrero

En uno de sus libros de entrevistas, el fantástico escritor uruguayo Mario Levrero explicó de esta forma su proceso creativo. Lo hizo de tal manera que cabe leerlo como un ejercicio que tú puedes realizar en casa:

> Saber qué es lo que pugna por salir es muy fácil. Te sentás en un sillón cómodo, a solas, en un lugar tranquilo, no completamente a oscuras pero sí con luces no demasiado intensas ni brillantes, te aflojás todo lo posible, dejás vagar la mente, cerrás los ojos, no te duermas todavía, y dejás que empiecen a aparecer imágenes en tu mente, sin buscarlas ni rechazar las que aparezcan aunque no te gusten o te aburran. Después de un rato, en ese desfile de imágenes encontrás algo que te despierte especial interés o curiosidad, y en ese caso tratás de ver más del asunto, forzás un poquito, apenas un poquito, la atención en esa imagen y tratás de mantenerla un buen rato. No se mantendrá quieta, sino que se desarrollará lo suficiente como para darte idea de una historia que la contiene, aunque no sepas cuál.
>
> Entonces vas y te ponés a escribir sobre esa imagen o esa historia, sobre lo poco que conozcas, y dejás que salga el texto preexistente (Levrero en Silva Olazábal, 2017).

La imagen poética

Como vamos viendo a lo largo de toda esta guía, la percepción que nos interesa para escribir no es solamente la nuestra, sino la comunicación directa entre nuestra percepción y la del lector, de forma que seamos capaces de activar sus sentidos, de despertar sus neuronas espejo para que sienta, vea, guste, olfatee, oiga o toque lo que presentamos ante sus ojos mediante las palabras. Es una especie de telepatía, de comunicación a distancia o de internet inalámbrico entre dos mentes conectadas por la literatura. Por eso nuestra capacidad de visualizar ideas, incluso las más abstractas o extrañas, redunda en la eficacia comunicativa de nuestro texto en marcha.

Hemos visto algunas formas en que la prosa ayuda a ver al lector la acción de la historia o a sus personajes, pero ahora vamos a centrarnos en el potencial visualizador de la poesía. Aunque, por sus especiales características y su brevedad, el mester lírico parezca menos idóneo para generar representaciones mentales icónicas en el lector, los poetas cuentan con un instrumento poderoso. Suele denominarse precisamente «imagen», aunque este término no significa exactamente lo derivado de la primera acepción del *Diccionario de la lengua española* (es decir, «Figura, representación, semejanza y apariencia de algo»), sino lo expresado en la cuarta acepción: «Recreación de la realidad a través de elementos imaginarios fundados en una intuición o visión del artista que debe ser descifrada, como en *las monedas en enjambres furiosos*». La Real Academia está citando el poema «La aurora», de Federico García Lorca:

> La aurora llega y nadie la recibe en su boca
> porque allí no hay mañana ni esperanza posible.
> A veces las monedas en enjambres furiosos
> taladran y devoran abandonados niños.

Mediante esa imagen brutal, el genio granadino muestra

al dinero animalizado, punzante y agresivo, atacando a los más desfavorecidos. En vez de utilizar la metáfora o la comparación, Lorca crea una imagen poderosa que visualiza a la perfección el desequilibrio económico y el dolor del hambre en términos inmediatamente reconocibles para cualquier persona, de cualquier cultura y geografía. Esta es una idea que podemos retener: mientras que algunas figuras retóricas, como la paronomasia («es muro es mero muro es mudo mira muere», Alejandra Pizarnik) o la aliteración («con el ala aleve del leve abanico», Rubén Darío), sufren en las traducciones a otras lenguas, por lo común las imágenes llegan intactas al otro idioma, conservando su riqueza sensorial y la plenitud de su sentido.

Para el poeta venezolano Eugenio Montejo, «prosa es toda representación de conceptos; poesía, en cambio, es imagen pura, acecho de la palabra desde la zona de nuestra mente no contaminada aún de verbalidad» (2007, p. 44). El sentido de la imagen poética es provocar de modo directo en la mente que lee una efigie o figura, a veces visionaria (en el sentido de que hay visión + concepto de gran alcance estético o intelectual), que eleva la capacidad cognitiva del poema y, con ella, la percepción del lector. Por ejemplo, cuando William Shakespeare, en el acto III de la obra de teatro en verso *Ricardo III,* presenta a unos personajes hablando del joven príncipe que puede llegar a ser rey de Inglaterra, y uno de los cortesanos dice: «No hay duda: la temprana primavera / un verano cortísimo presagia», la mención a ese lugar climatológico común, bien conocido en la época, hace entender de inmediato a los espectadores que esa primavera temprana se refiere al infante, y que el «corto verano» significa que pronto morirá asesinado, por lo que su juventud será brevísima. Quien oye o lee los versos visualiza a la perfección lo que va a suceder, gracias a la prodigiosa habilidad shakespeariana, que lleva a la máxima expresión la capacidad de la poesía de producir, como explicó Paul Valéry, efectos infinitos con recursos finitos.

Ponemos algunos ejemplos de imágenes poéticas eficaces:

> Los amores oblicuos pueden,
> como líneas, tocarse en ángulo;
> mas los nuestros, tan paralelos,
> aunque infinitos, no se encuentran.
>
> ANDREW MARVELL

> Se sentó ante las líneas enemigas
> en una mecedora, sorteaba
> los disparos, sonriendo: la primera
> bala la había alcanzado mortalmente.
> Se seguirá meciendo
> hasta dejar sin munición a todos.
>
> ANÍBAL NÚÑEZ

> Las cosas tienen bordes dentados, vegetación lujuriosa.
> Pero quién habla en la habitación llena de ojos.
>
> ALEJANDRA PIZARNIK

> Y el polvo en que terminan todas las casas
>
> JOSÉ EMILIO PACHECO

Cortaron los trigos. Ahora
Se contempla mejor mi soledad.

SOPHIA DE MELLO

Desnudos los muertos se habrán confundido
con el hombre del viento y la luna poniente;
cuando sus huesos estén roídos y sean polvo los limpios,
tendrán estrellas a sus codos y a sus pies;
aunque se vuelvan locos serán cuerdos,
aunque se hundan en el mar saldrán de nuevo,
aunque los amantes se pierdan quedará el amor;
y la muerte no tendrá señorío.

DYLAN THOMAS

como el saltamontes que ha elegido
para morir una planta de brezo, quieto
entre las ramas, más blanquecino cada día

OLVIDO GARCÍA VALDÉS

Como puedes ver, estas imágenes se clavan en nuestra mente de una forma duradera, como hermoso resultado de un proceso de síntesis entre una idea brillante y una ejecución formal afilada como un cuchillo. El trabajo sobre la imagen poética genera versos memorables que nos acompañan toda la vida como lectores y que invitan a la relectura de los poemas y de los libros huéspedes. Por supuesto, es muy difícil acuñar imágenes tan potentes como las que hemos citado (y otras que podríamos citar: Góngora, César Vallejo o Anne Carson son hondos especialistas en esta materia), pero debemos tomar como modelo siempre la excelencia, para llegar lo más lejos posible dentro de nuestra capacidad. Es intentando ser grandes como seremos menos pequeños.

Plasticidad

El desarrollo de la cultura humana hasta la fecha nos ha permitido acceder a numerosas formas de codificar la experiencia visual. Los sucesivos regímenes estéticos y las tendencias artísticas de diferentes siglos y países han educado nuestra sensibilidad y nos han regalado una especie de marcos visuales o de «gafas estéticas» para apreciar la realidad. De la misma forma que los caleidoscopios manuales permitían en tiempos antiguos ver figuras geométricas inexistentes a quienes se los llevaban a los ojos, movimientos pictóricos como el cubismo o el puntillismo impresionista, o nuevas tecnologías como el cine, los videojuegos o los dibujos animados, han ido mostrándonos maneras diferentes de plasmar y ver la realidad. Si comparamos un cuadro surrealista de Max Ernst con un óleo hiperreal de Antonio López, o con una pieza abstracta de Pollock, nos damos cuenta inmediatamente de que tenemos entrenados los ojos para apreciar diferentes regímenes visuales. A esto nos referimos cuando decimos que algo de la realidad tiene «la estética» de una película de Wes Anderson o de Tarantino: modos completos de representación icónica se «cargan» de inmediato en nuestra cabeza al apelar a esos cineastas. O cuando calificamos algo antiguo como si estuviera «rodado en blanco y negro», con el ambiente de cine de detectives de los años 50. O cuando un ambiente degradado nos recuerda a las fotografías de Joel-Peter Witkin o a la escultura de Louise Bourgeois. O cuando una secuencia de niños violentos nos trae a la cabeza las viñetas del manga japonés.

La literatura también puede sacar partido de estos regímenes, aunque en puridad en la página de un libro solo aparezcan unos pequeños signos negros (las letras) sobre una superficie blanca. Pero los escritores saben apelar a nuestra educación visual para, mediante comparaciones, símbolos, símiles y metáforas verbales, generar en nuestra cabeza texturas visuales muy complejas, relacionadas con esas estéticas icónicas que tenemos archivadas. Así se obtiene una cualidad muy importante de cualquier escritura: la *plasticidad,* que es la sensación que goza el lector de *ver realmente y con una percepción rica en detalles* lo que sucede en el libro.

Vamos a ver un ejemplo claro: el de la novelista Carmen Laforet, utilizando en *Nada* (1945) el tono de pintura grotesca al estilo de Francisco de Goya:

> Parecía una casa de brujas aquel cuarto de baño. Las paredes tiznadas conservaban la huella de manos ganchudas, de gritos de desesperanza. Por todas partes los desconchados abrían sus bocas desdentadas rezumantes de humedad. Sobre el espejo, porque no cabía en otro sitio, habían colocado un bodegón macabro de besugos pálidos y cebollas sobre fondo negro. La locura sonreía en los grifos torcidos (Laforet, 2022, pp. 87-88).

Más adelante, leemos: «Encima de aquel infierno –como si sobre el cielo de la calle cabalgaran brujas– oíamos voces ásperas, como desgarradas. [...] Alucinada, me pareció que caras gordas flotaban en el aire, como los globos que a veces dejan escapar los niños» (Laforet, 2022, p. 245). Algunos estudiosos de Laforet, como Jeffrey Bruner o Rosa Navarro Durán, han señalado la sintonía de estos momentos de *Nada* con las obras pictóricas más grotescas de Francisco de Goya. Al ponerse en la piel de estas pinturas, la escritora sabe qué efecto va a causar esta escena en quienes la leemos. La exageración, digamos «expresionista», de las escenas expuestas nos sitúa en un régimen estético con el que estamos familiarizados desde niños, y que forma parte de la cultura española y universal. Laforet sabe que este imaginario funciona a la perfección y que su exageración deformadora conviene a la historia para expresar hasta qué punto Andrea, la inolvidable protagonista de la novela, se sentía incrustada en un mundo extraño, hosco y excesivo, tan opuesto a su sensibilidad interior.

Se trata de un recurso del que no conviene abusar (en general, no conviene repetir demasiado *ningún* recurso al escribir), pero que, utilizado sabia y puntualmente, como lo hace Carmen Laforet, puede producir un efecto literario espléndido.

Ejercicios de mostración y visualización

1. Describe a un mendigo en diez líneas sin mencionar la ropa que lleve puesta.

2. Escribe lo que ves por la ventana, ambientándolo primero en el momento del amanecer y luego en el atardecer. ¿Cómo conseguirás que un familiar o una amiga reconozcan de inmediato a qué instante del día apela cada uno? Piensa cómo diferenciarlos *plásticamente* (hay formas de hacerlo: Virginia Woolf era una maestra en estas ambientaciones sutiles).
3. Describe a un policía como si fueras ciego de nacimiento.
4. Transmite en un párrafo la sensación de fruta madura sin utilizar ninguna palabra perteneciente al campo semántico de los colores.
5. Expresa un concepto filosófico o científico que conozcas (o busca uno en Wikipedia) de manera que sea claramente visualizable para un lector cercano. Busca la «navaja de Occam», los «gemelos cósmicos» o el «gato de Schrödinger» para estudiar algunos ejemplos de cómo se ha logrado históricamente la visualización clara y eficaz de conceptos muy complejos.
6. «Concéntrate en un objeto. Escribe desde su interior» (Felipe Montes, 2008, p. 61).
7. Crea en un solo verso una imagen que apele al menos a tres de los cinco sentidos. Intenta crear una imagen que los interpele a todos.
8. Une en un verso, de forma poéticamente verosímil, a un tigre con un sonido agudo.
9. ¿Cómo sería un soneto *cubista?* Escríbelo.
10. Escribe un verso sobre tu madre que solo pueda hacer referencia a tu madre (sin mencionar su nombre).

II
Ejercicios para desarrollar la imaginación

Introducción

De la misma forma que las personas no vivimos aisladas y solemos funcionar en un entorno social, las prácticas artísticas también son ecuménicas, buscan el contacto con el entorno y se conectan entre sí. Y quien practica un arte es consciente de que pertenece a un colectivo, creador y artístico, en cuyo seno se integra. Lo que intentamos recordar es que la literatura no vive sola; está incardinada en el orden social y quienes escriben han recibido una educación multidisciplinar desde la infancia. Este legado diverso ha dejado un enorme peso en su educación sentimental (como diría Flaubert) y sensorial, así como en su gusto estético. Por este motivo, nuestra creación, cuando nos ponemos a escribir, se verá enriquecida si mantenemos ese espíritu de contacto y comunicación con las demás artes. Visitar exposiciones, hablar con artistas plásticos, caminar por edificios arquitectónicamente significativos (nos gusten o no), escuchar músicas diferentes, ir al teatro, asistir a conciertos o ver buenas películas mantendrá nuestra mente activa y generará conexiones y sinapsis insospechadas entre puntos distintos de nuestro cerebro, algo esencial para el surgimiento de nuevas y diferentes ideas creativas.

Este planteamiento de que las artes se enriquecen entre sí es algo que muchos escritores clásicos han entendido de forma natural, como precepto derivado del puro sentido común. Por ejemplo, el escritor romántico alemán Novalis (seudónimo de Georg Philipp Friedrich von Hardenberg), en su novela inacabada *Enrique de Ofterdingen,* desarrolla esa línea de trabajo:

> Pero sobre todo una cosa: los poetas nunca aprenderán bastante de los músicos y de los pintores. En estas artes salta a la vista de un modo especial cuán necesario es manejar de un modo económico los medios técnicos de que dispone el artista; aquí es donde se ve también la importancia que tiene la elección acertada de las proporciones. Y a su vez, no hay duda de que aquellos artistas podrían tomar de nosotros, y deberían agradecérselo, la independencia de la poesía, el espíritu que se encuentra dentro de toda creación poética y de toda invención, y, en general, de toda obra de arte. Aquellos artistas deberían ser más poéticos y nosotros deberíamos ser más musicales y más pictóricos –y todos, ellos y nosotros, permaneciendo fieles al modo y manera de nuestras respectivas artes– (1994, p. 142).

Este espíritu multidisciplinar llevó al escritor mexicano Mario Bellatin a poner en marcha su Escuela dinámica de escritores, un proyecto que sostuvo durante varios años y que tenía una característica singular: era una escuela de escritura donde no se escribía. Los participantes se integraban en talleres de danza, de pintura o de cine, y colaboraban con artistas de diverso signo, con el propósito de expandir su mentalidad artística, desarrollar sensorialidades distintas y aprender rudimentos y técnicas muy diferentes de los que se aprenden en los talleres de escritura tradicionales. Los alumnos seguían siendo escritores, pero tras la experiencia en la Escuela tenían horizontes creativos más amplios y contaban con un arsenal de prácticas, conocimientos y posibilidades que nunca hubieran imaginado alcanzar.

La imaginación también se trabaja

La imaginación es una especie de músculo que conviene entrenar, y hay formas de lograrlo. De la misma forma que la memoria –con la que la imaginación tiene innumerables puntos de contacto, como veremos en la sección correspondiente–, la creatividad puede crecer, puede intensificarse y enriquecerse cuando se la estimula de manera continua y eficaz. Además de estar en contacto con otras artes, podemos desarrollar la imaginación desde la escritura. Vamos a ver algunos modos de hacerlo.

El cuento regresivo

Prepárate para escribir. Esto es: apaga el teléfono móvil y llévatelo a otra habitación; busca los siguientes útiles de escritura: hojas o folios sueltos –luego entenderás por qué– y algo para escribir en su superficie –bolígrafo, punta fina, birome, estilográfica, lápiz, rotuladores, lo que prefieras, pero que sean instrumentos y soportes para escribir *a mano*–, y asegúrate de que dispones al menos de dos horas de tranquilidad por delante.

Sitúate en un lugar cómodo frente a la televisión; si no tienes televisor, frente a la pantalla de tu portátil o computadora, pero de manera que el aparato quede lejos de tu alcance, donde no puedas tocarlo ni caer en la tentación de consultar el correo electrónico, etcétera.

Ahora enciende el televisor y quítale el sonido. Ve pasando los canales hasta que encuentres una película ya empezada y –esto es muy importante– que no hayas visto nunca. Si no tienes televisión, pero ves películas en tu ordenador, busca en una plataforma una película que no hayas visto, dale al *play* y vete a cualquier punto hacia la mitad.

Recuerda que has quitado el volumen de la pantalla, no se escucha absolutamente nada.

Espera a que termine la escena, mientras te preparas para escribir. Cuando empiece el siguiente diálogo entre dos personajes, sean los que sean, comienza a escribir lo que crees que estén diciendo, o lo que te apetezca que digan. Si no te da tiempo, no te preocupes: tú, simplemente, *escribe.* Si la escena consistía en un diálogo muy corto, espera a otra escena donde tenga lugar otra conversación, y escríbela.

Cuando tengas más o menos un folio o dos hojas de cuaderno de conversación escrita, apaga la tele o cierra el ordenador. Repasa el diálogo que has escrito. Púlelo y corrígelo, porque lo habrás redactado a toda velocidad y seguramente hay errores ortográficos, anacolutos o hiatos de sentido.

¿Ya lo tienes? Pues ahora imagínate una situación o escena anterior que explique o anticipe el diálogo que has escrito.

Una especie de precuela que lleva a la situación propiciaría el diálogo inventado por ti. Redáctala en una hoja aparte. Cuando la hayas terminado, la sitúas antes del diálogo que escribiste en primer lugar –por eso es necesario hacer el ejercicio con hojas sueltas–. A continuación, escribe otra historia, diálogo o escena que justifique la situación que acabas de escribir. Cuando la termines, sitúala antes que las otras dos que has escrito.

Bien: ya tienes el esqueleto de una historia. Puedes redondearla y tener un cuento breve casi terminado; puedes darle vueltas a esas situaciones, secuencias o conversaciones y generar a partir de ellas una trama diferente, para construir un relato más largo y ambicioso.

O, quién sabe, quizá estas situaciones que te has obligado a escribir mediante este ejercicio sean la puerta de entrada para una historia más larga y compleja: quizá pueden constituir, quién puede saberlo aún, el germen de una novela.

Taller exprés de distopía

La literatura nos hace ver el mundo de una manera diferente, nos saca de los canales habituales, de la rutina de lo consabido, presentándonos lo cotidiano de un modo que podría parecernos extraño, amenazador o nuevo: casi un mundo del futuro. Así sucede, por ejemplo, con un género como la distopía, esas historias en las que las peores pesadillas de la humanidad parecen haber tomado forma: desde *1984* a *El cuento de la criada, de Matrix* a *Westworld,* universos opresivos nos presentan el dominio de la inteligencia artificial, o el poder absoluto del Estado, o la opresión sobre la mujer… Pero ¿son realmente mundos futuros? La narración nos presenta imaginariamente los problemas que hoy ya suceden, interpreta las tensiones presentes en la actualidad (y en las que quizá no habíamos reparado) totalmente liberadas y encarnadas en una sociedad diferente, creada por el escritor. Así se objetivan los miedos e inquietudes de la sociedad, también las preocupaciones del propio autor. Es una forma de conocerse y de conocer lo que nos rodea a través de la imaginación, del símbolo.

En este caso proponemos un ejercicio que conlleve trazar el argumento de una obra distópica. Para ello hará falta un poco de preparación anterior a la puesta en práctica del ejercicio. En primer lugar, busca en internet (ya sea en las noticias, aleatoriamente o de manera intencional) imágenes de los peligros que nos acechan a un nivel local o global en el s. XXI. Busca especialmente aquellas que pueden provocar en ti mayor temor, repulsión o asco: guerras, desastres nucleares, racismo, grandes movimientos migratorios, inteligencia artificial, cambio climático, desertificación, pobreza, pandemias, modificaciones genéticas, revueltas violentas… Selecciona un buen número de imágenes, pero no te detengas en este momento en ellas. Lo ideal sería que con todas estas fotografías compusieras una breve presentación.

Para el ejercicio, busca un espacio en el que poder estar a solas y concentrado. Debes disponer de, al menos, media hora. Vas a proyectar en el ordenador la presentación que has preparado con las imágenes. Puedes acompañar la presentación de alguna música desasosegadora o inquietante. Ten al lado algo para escribir según tus hábitos (libreta, folios, tableta...). Comienza la presentación: has de ir pasando las imágenes poco a poco, fijándote en ellas, pero sobre todo dejando que estas te golpeen. Si alguna llama poderosamente tu atención, párate en ella: mírala con tranquilidad, entra en la imagen, sitúate en la escena. Si alguna de ellas te conmueve, suscita alguna frase o imagen en ti, ponte a escribir. En este momento, escribe sin pararte a pensar, simplemente hacia delante. No trates de componer: no son importantes la sintaxis ni la corrección; no nos importa ahora que quede «bonito». Solo tú vas a leerlo. Esta es una fase puramente de invención y hay que echar por un momento al censor que llevamos dentro: se trata, por tanto, de una escritura libre. Cuando se haya agotado este impulso, vuelve a las imágenes, por si se produce algún otro movimiento, repite idéntica dinámica. No importa que te parezca que no guarda relación con lo anterior. Simplemente escribe.

Ahora vuelve sobre lo escrito. Léelo todo y subraya (o mete en un círculo) las imágenes que te parezcan más llamativas, que te inquieten o conmuevan más. Trata de escribir (de manera automática) a partir de ellas, todo lo que te sugieran (aunque te parezca raro o incluso sin sentido). Se trata de conectar (de manera no consciente) con tus miedos y fobias. Deja que salgan. Ya habrá tiempo de corregir.

Repasa lo escrito. Mira si aparecen rasgos de un mundo diferente, extraño. Trata de sintetizar lo escrito en un argumento que comience de la siguiente manera: «Estamos en 2123 y el mundo ha cambiado mucho...».

Para trabajar la duermevela

En el proyecto de investigación impulsado por la Universidad de Sevilla «Hacia una teoría cognitiva de la imaginación creadora desde fundamentos teóricos, estéticos y neurocientíficos», realizamos una encuesta sobre el proceso creativo a la que respondieron 46 escritores y autoras de ambas orillas del idioma español. Sus resultados se pueden consultar en la web del proyecto[2], y en esos cuestionarios pueden encontrarse respuestas muy interesantes para nuestro provecho creativo.

Por ejemplo, el ya citado escritor mexicano Mario Bellatin, una de las voces más importantes de la narrativa latinoamericana actual, respondió lo siguiente a la pregunta de cuándo y cómo le llegaban las ideas o «voces» creativas interiores:

> Suelo despertar al alba, aún oscuro, tomo el Notas[3] de mi móvil y aparece una serie de escritura en cascada, por llamarlo de alguna manera, y me pongo como meta no volver a dormir hasta que el «esqueleto», la idea detrás del texto quede resuelta, a la manera de un vestido en hilván, y solo entonces me puedo volver a dormir. Por lo general, en esas ocasiones despierto a media mañana y me encuentro con un texto desconocido, como si de un regalo nocturno se tratara, y lo trabajo ya desde otra perspectiva, más racional, y pensando en la manera de buscarle puntos de

[2] https://grupo.us.es/creacionliteraria.

[3] Se refiere a la aplicación Notas de texto incluida en los teléfonos de la marca iPhone.

inserción a un texto más extenso, al proyecto general que me encuentre ejerciendo en ese momento.

Muchas de estas figuras literarias incluidas en nuestra encuesta, así como autores de todos los tiempos, han resaltado el significativo papel que los sueños nocturnos han tenido en la aparición de sus ideas para escribir y, sobre todo, la importancia de los cortos períodos de duermevela justo antes de dormir, o al despertarse. En esa duermevela doble, de entrada y de salida del sueño, la relajación de la actividad cerebral permite una relación más fluida con ese inconsciente del que nos llega la llamada «inspiración». Salvador Dalí apuntaba en su *Diario de un genio* las noches con sueños creativos, cuyo contenido describía con mucha viveza. Un ejemplo muy interesante es el del escritor estadounidense William Burroughs:

> Yo he anotado mis sueños durante algunos años. He encontrado que, si no escribo el sueño inmediatamente, en muchos casos, lo olvidaré, no importa cuántas veces lo repase en mi mente. Despierto, hago un esfuerzo absurdo para encender la luz y, aunque es imposible que lo olvide, lo olvido. Parecería que los rastros en la memoria de la experiencia del sueño son más débiles que en la del despertar. [...] Para mi profesión los sueños son tremendamente útiles. Tal vez obtengo la mitad de mis escenarios y personajes de los sueños. En ocasiones encuentro un libro o un periódico en sueños y leo un capítulo entero o alguna historia... Despierto, hago algunas notas, me siento frente

a la máquina de escribir al siguiente día, y copio de un libro onírico (2009).

En su interesante libro sobre imaginación y creatividad literaria *El peligro de estar cuerda* (2022), Rosa Montero cuenta algunos ejemplos más:

> Creo que todos los artistas compartimos la sensación de ser simples portadores de un mensaje que no sabemos muy bien de dónde sale (en realidad viene del inconsciente, por supuesto). Y no solo los artistas: según Brenot, Einstein descubrió la teoría de la relatividad en un sueño. A los escritores esto les sucede muy a menudo: es famoso el caso de Mary Shelley, que soñó en territorio su conmovedor monstruo del doctor Frankenstein (pobre criatura: ni siquiera tiene un nombre propio) en una noche de relámpagos y truenos. Goethe encontró una mañana sobre su mesa un poema terminado que no recordaba haber escrito, y a Anthony Burguess le pasó lo mismo pero de forma mucho más teatral y desmesurada; nada más levantarse dentro de su comedor y ahí, garabateados en la pared con lápiz de labios, descubrió estos versos: *Que sus carbónicas gnosis se erijan orgullosas / y guíen a su grey entera hacia su luz.* [...]. La letra era de Burguess y el lápiz de labios [...] era de su mujer. Ya hemos mencionado a Coleridge y su largo poema soñado (y olvidado a medias) «Kubla Khan»; y luego está Stevenson, que soñó en una noche de enfermedad y fiebre su novela *El extraño caso del doctor Jekyll y el señor Hyde.* Se levantó de la cama, escribió la historia sin parar durante

> tres días, a continuación la arrojó al fuego, y en otros tres días volvió a redactar como un poseso el manuscrito definitivo (Montero, 2022, pp. 323-324).

A estos ejemplos podrían añadirse muchos otros[4], pero lo importante es que… ¿no te parece que son demasiados casos para tratarse de una casualidad? Es una experiencia demasiado frecuente entre personas creativas como para ignorarla. Y, lo más interesante para nosotros: ya que no es fácil intervenir en los sueños, porque van por donde ellos quieren, ¿podríamos utilizar el espacio nocturno justo anterior al sueño y el inmediatamente posterior como campos de juego creativos? ¿Podemos trabajar la duermevela?

Vamos a intentarlo. Lo mejor es que por las noches tengas siempre una libreta y un bolígrafo sobre tu mesilla de noche. Con ese simple gesto conseguimos más cosas de las que parece a primera vista. Por ejemplo, de modo inconsciente generamos una actitud abierta a la creación, nos demostramos a nosotros mismos que estamos *disponibles para las ideas*.

Segundo, cabe la posibilidad de «copiar del libro onírico», como dice Mario Bellatin, cuando nos despertemos con el vivo recuerdo de un sueño realmente interesante –no todos lo son, aunque al llegar a la vigilia lo parezcan–. La escrito-

---

[4] Mariano José Vázquez Alonso recuerda que «autores de la talla de Stevenson, Mary Shelley o Coleridge afirmaban también que las ensoñaciones nocturnas habían sido para ellos profundamente creativas, porque los símbolos que habían visto en esos momentos del sueño profundo jamás los hubieran tenido en la vigilia» (2013, p. 60). Por su parte, Gustavo Ariel Schwartz (2019, p. 105) anota más ejemplos: los de los científicos Donald Newman, Friedrich Kekulé y Dimitri Mendeléyev, y también los de Julio Cortázar, la citada Mary Shelley y hasta políticos como Gandhi.

ra francesa Hélène Cixous tiene un hermoso texto, «Difficult Joys», donde define la *escritura nocturna* y recomienda a quien escribe acudir a la escuela onírica de la noche, para rescatar las ideas interiores.

Tercero: en esos momentos relajados de duermevela con los ojos cerrados y la luz apagada, al comenzar la madrugada o al alba, puede que nos lleguen visiones, ideas o intuiciones, fruto de ese estado de calma interna: la mente corporeizada está preparada para entrar en pleno funcionamiento inconsciente, o acaba de salir del mismo, y son momentos en los que estamos *conectados* a nuestra principal fuente creativa. Por ello, si no viene sola ninguna idea de esa fuente, podemos introducir deliberadamente un tema, una imagen; o, mejor aún, un par de temas, varias imágenes, dos personas que nos inventamos en ese instante, para ver si nuestra mente aún cargada de electricidad onírica nos ayuda a enlazarlas, a entretejerlas, a entreverarlas de una forma inesperada, libre de la lógica causalista que aplicaríamos, incluso sin querer, durante las horas de vigilia consciente.

Es decir, se trata de jugar con la duermevela de un modo activo, recibiendo de ella, por un lado, pero forzándola un poco, por el otro, intentando generar un canal creativo. Por ese motivo es oportuno tener un cuaderno cerca, porque a veces las ideas son volanderas y efímeras, y bastan los rituales de ir al baño, lavarse la cara y encaminarse al salón para buscar papel para que las ideas desaparezcan, porque ya hemos activado el «modo consciente» que, al comenzar el día, borra los restos oníricos de la noche, salvo contadas excepciones –por lo general más emotivas u obsesivas que estéticas o creativas–. De ahí que haya que salvaguardar la idea lo antes posible, sin levantarse de la cama, a veces sin encender la luz, aprovechando los resquicios de claridad que se cuelan en la penumbra a través de las persianas. Se trata de no romper el clima, de mantener el ensalmo, de anotar las ideas lo antes posible y con el mayor detalle, para poder reconstruirlas debidamente por la mañana o cuando ya nos despertemos del todo.

Por supuesto, no cualesquiera ideas o textos que anotemos en la duermevela acabarán siendo de utilidad artística para nosotros. Nuestras anotaciones, en su mayor parte, serán menos interesantes en la vigilia que durante el momento en que visualizamos las imágenes o ideas. Pero esa no es la cuestión, lo importante es que, sin este ejercicio y sin nuestra determinación noctívaga de salvar el mayor material posible, todas esas imágenes y ensoñaciones, tanto las fructuosas como las inválidas, se perderían para siempre: desaparecerían sin más de nuestra mente, sin dejar rastro, como la niebla de los campos. Pero ante este ejercicio activo de provocación, anotación y registro de la duermevela puede que encuentres soluciones a los problemas de engarce de las distintas partes de una obra en curso, puede que se te ocurra un final adecuado al poema que tienes entre manos, es posible que aparezca de la nada un personaje interesante, a lo mejor ves imágenes que te inspiran ambientes, climas o atmósferas narrativas o poéticas, o puedes columbrar nuevas historias que te lleven a un cuento o a una novela. Se han registrado miles de casos a lo largo de la historia, ¿por qué no va a sucederte a ti?

III
Ejercicios sensoriales y perceptivos para trabajar los cinco sentidos

Introducción

La sensorialidad es un factor clave en la escritura, mucho más de lo que pudiera parecer en primera instancia. Porque incluso las ideas más abstractas y filosóficas mejoran con la concreción, de ahí que los filósofos y científicos apelen con frecuencia a objetos o animales que *materialicen* sus ideas y permitan vislumbrar sus consecuencias, como el martillo de Nietzsche, la tortuga de Zenón de Elea, la navaja de Occam, el tren en marcha de Einstein, la caja con el gato encerrado de Schrödinger, la isla de Tomás Moro, etcétera. Al encarnarse los conceptos en realidades tridimensionales más o menos próximas, nuestros sentidos encuentran puntos de agarre y los aferran imaginariamente, haciendo más sencilla la captación de su sentido profundo. Las ideas más abstractas cobran naturaleza palpable y visible, y lo mismo sucede con nuestras ideas creativas, que necesitan salir de la mente de una forma reconocible y sensorialmente apreciable.

Esto tiene una explicación biológica: los sentidos son los radares con los que nos orientamos en la existencia; y, por más que volemos con la mente al escribir, conviene tener siempre al menos un pie en el suelo. Esa forma de tomar tierra es la sensorialidad, nuestra capacidad perceptiva, que comunicará nuestro sistema nervioso con el del lector, a poco que no olvidemos que somos seres sintientes.

Mira lo que decía en una entrevista la poeta Jorie Graham: «Siempre, al avanzar hacia un poema, debo recordarle a mi mente que se mantenga enraizada en mis sentidos, y que tome impulso desde ellos –ahí está la fuerza motriz, no solo del pensamiento y la metáfora, sino también de la música, de la forma». Es decir: los sentidos no son un instrumento concreto, sino la orquesta entera, incluyendo a la persona que la dirige. Ellos conducen las ideas hacia encarnaduras tangibles, que puedan tocarse, olerse y degustarse por quienes van a leernos. Convierten la abstracción en cuerpo. Y a los libros les sucede lo mismo que a las personas: sin cuerpo, no somos nada.

Así que vamos a examinar los diferentes sentidos por separado, y luego pensaremos también formas de combinar dos o más sentidos para escribir.

Vista

Estamos inmersos en la cultura visual, en la que los estímulos nos asaltan hasta el punto de que la imagen ha orillado las impresiones que recibimos por el resto de los sentidos. Sin ser el sentido originario, es nuestra forma primordial de acceso a la realidad. Y, sin embargo, ¿vemos de verdad? ¿No nos movemos en muchos casos por las imágenes ya fijadas en nuestra memoria, que se interponen en nuestro conocimiento directo de las cosas? Se trata de un aspecto interesante, pues, como escritores, podemos estar funcionando a partir de «clichés» mentales, más que dejando que lo que nos rodea nos hable.

Podemos estar frente al mar, como frente a una pared. La palabra «pared» abarcaría todas las formas posibles... Pero difícilmente el lector vería la pared que nosotros tenemos delante: ¿rugosa, con grietas, con desconchones...? Por otra parte, nada más cambiante en sus colores y movimientos que el mar. ¿Cómo captar cada cambio? ¿Es posible? Esta cuestión del límite del lenguaje ha sido planteada por múltiples escritores, como por ejemplo Octavio Paz, en *El mono gramático*. En uno de los acercamientos a la realidad que tiene delante, en vez de decir árbol escribe: «Lo que veo en el momento en que voy a decir que lo veo, una congregación insubstancial pero real de vibraciones y sonidos y sentidos que al combinarse dibujan una configuración de una presencia verde-bronceada-negra-leñosa-hojosa-sonoro-silenciosa» (Paz, 2001, p. 52). En este ejercicio, trata de describir (como un pintor impresionista o puntillista) cada uno de los puntos, de los matices que conforman el paisaje que tienes delante de ti, pero sin nombrar directamente el objeto.

Primer ejercicio

La imagen interpuesta funciona igualmente en nuestra relación con los otros. ¿Cuántas veces no nos sorprendemos al ver un cambio en el aspecto de una persona? Y nos decimos, por ejemplo: «¡Cómo ha envejecido!». Sucede frecuentemente con personas cercanas, por la fuerza de la costumbre, o porque sigue funcionando una imagen del pasado sobre nosotros: hablamos con los otros sin verlos, pensando en cualquier otra cosa, poco atentos a lo que tenemos delante. Fíjate la próxima vez que te encuentres con algún familiar cercano en su rostro como si fuera la primera vez que lo vieras: los labios, las arrugas, los ojos, sus movimientos… ¿Descubres algo nuevo en ellos?

Segundo ejercicio

Una variante del ejercicio anterior puede practicarse en una sesión de un grupo de escritura que se reúna con cierta frecuencia. Haz una descripción (sin mirarlo) del compañero que tienes al lado (y al que conoces de sesiones anteriores). Tras describirlo, ponte frente a él. Acércate bien y míralo poco a poco. Contrasta tu descripción con los detalles de su rostro. ¿Encuentras diferencias? Podéis leeros las descripciones el uno al otro: ¿le sorprende al otro algo en su descripción? ¿Descubre algo nuevo?

Tercer ejercicio

Todos sabemos cómo, al enfocar un objetivo, el resto queda borroso, en un segundo plano. Esto mismo sucede en la vida cotidiana. En casa, por ejemplo. Ya nos lo decían nuestras madres: «Pasas delante de la ropa tirada en el suelo y ni la ves». Y efectivamente nos habíamos acostumbrado a no verla. De hecho, a veces no se ve porque no se quiere ver. De igual manera sucede en la calle o en el trabajo: hay aspectos de lo que vemos diariamente que quedan en segundo plano, borrosos o borrados, porque vamos atentos a un objetivo. Este ejercicio pretende que tomemos conciencia de aquellos aspectos «no vistos» en el día a día: la conductora del autobús, el barrendero, el camarero, la esquina de la calle, los árboles, el escaparate… Según cómo sea cada cual, habrá personas, objetos, espacios que queden en ese segundo plano. Hoy vas a prestarles atención, a mirar aquello que habitualmente queda fuera de tu ángulo de visión. Fuérzate a mirar lo que está al lado de lo que miras. Apunta todos estos detalles y, al final del día, reflexiona: ¿hay algo nuevo, sorprendente en lo que has visto? ¿Hay algo en común en todos estos aspectos «secundarios» de la realidad, algún motivo por el que han pasado a un «segundo plano»? ¿Deberías «recalibrar» tu mirada en algún aspecto?

Cuarto ejercicio

Elige dos casas de pisos de una calle, y descríbelas de forma que sus diferencias queden claras a los ojos del lector. No tiene sentido elegir dos edificios muy diferentes entre sí, como un museo y un rascacielos, o un ayuntamiento y una iglesia. Debe tratarse de dos construcciones similares, para trabajar precisamente los pequeños detalles que pueden construir la diferencia en la percepción de quien lee.

Quinto ejercicio

Súbete a un autobús municipal o interurbano y, provisto de un cuaderno, da la vuelta entera al trayecto hasta terminar en la parada de origen. Toma notas de lo que ves. ¿Qué diferencia visualmente unos barrios o unos pueblos de otros?

¿Cuáles son las diferencias más interesantes narrativamente entre una ciudad y una aldea? ¿Qué te dicen las personas que ves en la calle? ¿Qué historias te cuentan las caras del resto de los viajeros?

Gusto

> Eres la gracia libre,
> la gloria del gustar, la eterna simpatía
>
> JUAN RAMÓN JIMÉNEZ

Hemos comprobado la extraordinaria importancia de los sentidos en nuestra relación con el mundo. También que hay una «economía sensorial», en la que el sentido prevalente es la vista, seguido de la audición. Ellos son los que nos proporcionan más datos sobre la realidad y los que nos pueden llegar desde la mayor distancia: aunque depende de muchas circunstancias, podemos ver y oír estímulos situados a muchos kilómetros. Sin embargo, para que se active el tercero de los sentidos en relación con el objeto, el olfato, necesitamos encontrarnos mucho más cerca. La experiencia táctil exige una mayor proximidad aún: el contacto con la piel. Pero para tener una experiencia gustativa es imprescindible que lo que excita nuestra percepción sensorial se encuentre en contacto con nuestra boca. De alguna manera, que esté dentro de nosotros. Es el sentido más *interior*. La experiencia del gusto, que el DRAE define como «sentido corporal con el que se perciben sustancias químicas disueltas, como las de los alimentos», nos permite saborear las cosas y depende de los botones gustativos de nuestra lengua. Tiene una función esencial para la selección de los alimentos que nos nutren.

Tal vez por ser el más interno de todos los sentidos, la palabra «gusto» ha llegado a tener significados muy diferentes. Por ejemplo:

- Placer o deleite que se experimenta con algún motivo o se recibe de cualquier cosa. De ahí la expresión «el gusto es mío».
- Propia voluntad, determinación o arbitrio. Y afirmamos que hacemos algo «por nuestro propio gusto».
- Facultad de sentir o apreciar lo bello o lo feo. Hablamos de tener «buen o mal gusto».

Pero volvamos a la experiencia más primigenia del gusto, que está profundamente relacionada con nuestra memoria. Es, precisamente, este sentido el que activa los recuerdos del protagonista en el conocido fragmento de la magdalena de *Por el camino de Swann,* de Marcel Proust, primera de las entregas de *En busca del tiempo perdido:*

> Mandó mi madre por uno de esos bollos, cortos y abultados, que llaman magdalenas, que parece que tienen por molde una valva de concha de peregrino. Y muy pronto, abrumado por el triste día que había pasado y por la perspectiva de otro tan melancólico por venir, me llevé a los labios unas cucharadas de té en el que había echado un trozo

> de magdalena. Pero en el mismo instante en que aquel trago, con las migas del bollo, tocó mi paladar, me estremecí, fija mi atención en algo extraordinario que ocurría en mi interior. Un placer delicioso me invadió, me aisló, sin noción de lo que lo causaba. Y él me convirtió las vicisitudes de la vida en indiferentes, sus desastres en inofensivos y su brevedad en ilusoria, todo del mismo modo que opera el amor, llenándose de una esencia preciosa; pero, mejor dicho, esa esencia no es que estuviera en mí, es que era yo mismo (2020, p. 46).

¿Has tenido alguna experiencia parecida? ¿Has vivido, en contacto con alguna experiencia gustativa, esa asociación profunda con recuerdos significativos?

Primer ejercicio

Intenta recordarlo con todo detalle y pon por escrito las calidades del sabor experimentado y la conexión con esos recuerdos de momentos significativos del pasado.

Segundo ejercicio

En el fragmento anterior no solo se produce una conexión con recuerdos del pasado, sino un cambio profundo del protagonista, que pasa de estar abrumado por un día triste y con el temor de un nuevo día melancólico a llenarse de una esencia preciosa. Elabora un texto en el que la experiencia de un sabor lleve a transformar los sentimientos del protagonista (pero ahora desarrolla un cambio desde un estado de ánimo positivo a uno triste o melancólico).

Tercer ejercicio

El efecto asociativo de la «magdalena de Proust» es un fenómeno neurológico por el cual somos capaces de asociar un estímulo sensorial (un olor, sonido, sabor o textura) con un recuerdo del pasado, de manera involuntaria. A pesar de que esta asociación, en la que es fundamental nuestro sistema límbico (esencial para las emociones) es establecida a partir de una experiencia gustativa, el llamado «efecto Proust» se suele aplicar con más frecuencia a los olores, que poseen también una alta capacidad evocativa. En cualquier caso, nuestros sentidos no funcionan aisladamente, aunque en cada caso pueda haber alguno dominante, y la experiencia gustativa y olfativa están fuertemente asociadas. Pensemos, por ejemplo, que cuando degustamos una copa de buen vino solemos demorarnos en la experiencia de su aroma antes de llevar a los labios la copa para experimentar su sabor.

Quienes han estudiado *À la recherche du temps perdu* han llegado a señalar hasta 3.000 palabras asociadas a las experiencias sensoriales del protagonista y las emociones vinculadas a ellas. Haz una relación de palabras que tengan que ver con el sentido del gusto. Luego, asocia a cada una de ellas posibles sentimientos. Cuando ya no se te ocurran nuevos términos, haz una búsqueda de sinónimos. Este ejercicio nos permite ampliar nuestro léxico. De hecho, algunas palabras «llaman» a otros conceptos, ya sea por afinidad semántica o fonológica, y pueden llevarnos por caminos inesperados.

Cuarto ejercicio

Elige alguna de esas experiencias gustativas y haz un microrrelato con todo el léxico relacionado con ella.

Quinto ejercicio: los sabores básicos

Aunque la comunidad científica aún debate sobre los sabores básicos, cuya combinatoria da lugar a un elevado número de experiencias gustativas, tradicionalmente se han considerado estos cuatro, a los que añadimos ejemplos de sustancias que los suscitan: *ácido* (limón), *amargo* (quinina), *dulce* (azúcar) y *salado* (sal). A ellos, recientemente, se ha añadido el *umami,* ya propuesto en 1908 por el químico japonés Kikunae Ikeda para referirse a experiencias causadas por el *glutamato monosódico,* potenciador de los sabores, muy del gusto de las cocinas orientales, y presente en alimentos como la salsa de soja, el queso parmesano o el jamón.

Céntrate en cada uno de estos sabores básicos. Escribe textos en los que estén presentes las experiencias sensoriales con cada uno de ellos, especialmente con el sabor *umami.*

Sexto ejercicio: gastronomía y literatura

La comida y la bebida son necesidades vitales imprescindibles. Además, tienen implicaciones muy poderosas. La comida compartida tiene en todas las culturas significados muy profundos y potenciales simbólicos, incluso mágicos, sacramentales. Por ello, en la creación literaria puede tener mucha importancia, y ha dado lugar a textos muy hermosos que conectan también con el potencial evocativo de los lectores.

Intenta recordar aquellos poemas, relatos u obras teatrales en los que son fundamentales las experiencias gustativas a partir de la comida. Anota todas las referencias que recuerdes, recupera alguno de esos textos y escribe uno propio a partir de él, pero procurando proyectar alguna experiencia más personal.

Baltasar del Alcázar, en el conocido poema «Una cena», evoca olores y sabores asociados a la comida y a la bebida, como en estas estrofas:

Mas di, ¿no adoras y aprecias
la morcilla ilustre y rica?
¡Cómo la traidora pica;
tal debe tener de especias!

¡Qué llena está de piñones!
Morcilla de cortesanos,
y asada por esas manos
hechas a cebar lechones.

[…]

Probemos lo del pichel,
alto licor celestial;
no es el aloquillo tal,
no tiene que ver con él.

¡Qué suavidad! ¡Qué clareza!
¡Qué rancio gusto y olor!
¡Qué paladar! ¡Qué color!
¡Todo con tanta fineza!

Séptimo ejercicio

Escribe un breve texto de experiencia gastronómica en el que esté presente el registro del humor (con ironía o incluso con sarcasmo).

Octavo ejercicio

La gastronomía forma parte de lo más auténtico de la cultura de los pueblos, y está muy presente en algunos de los más importantes narradores del siglo XX. Veamos algunos ejemplos:

- Gabriel García Márquez: «El doctor le recetó una dieta ligera y abundante de agua de azahar y malva, porque al descubrir que lo que le dolía era la soledad y el abandono, le aconsejó que comiera y bebiera lo que más le gustara, aunque solo fuera para engañar el hambre» *(Del amor y otros demonios).*
- José Saramago: «La fritada ya estaba en la sartén y cuando empezó a dorarse, le tiré el arroz, lo revolví, le di el último punto de sal, probé el sabor con un poco de caldo» *(Casi un objeto).*
- Antonio Tabucchi: «Si alguna vez se va a Umbría –le decía el padre–, es obligatorio probar la *porchetta*. Es un cerdo, joven, asado al horno y condimen-

tado con ajo, hinojo y salvia» («El hilo de los pendientes»).

Parte de algunas de las citas anteriores y desarróllalas, con referencias minuciosas a los sabores que evocan.

Noveno ejercicio. El sabor y el saber: implicaciones metafóricas y simbólicas

En casi todas las culturas existe una fuerte conexión entre el sentido humano más interno, fuente de placer, y la capacidad de discernimiento y sabiduría. La raíz indoeuropea *«sap-»* se asociaba originalmente con la idea de percibir o tener una experiencia sensorial, especialmente en el contexto del gusto. Posteriormente, se extendió a connotar conocimiento y sabiduría. Es interesante observar cómo, a lo largo de la evolución lingüística, la percepción sensorial se ha entrelazado con la adquisición de conocimiento y juicio.

Vamos a trabajar esos potenciales metafóricos y simbólicos de la experiencia gustativa.

- *Metáforas del sabor:* piensa en diferentes sabores y elabora metáforas que los relacionen con emociones, experiencias o situaciones en la vida. Por ejemplo, ¿cómo sería describir el amor como el sabor de una fruta?
- *La sinfonía del gusto:* crea metáforas que asocien los sabores a elementos de una sinfonía. Describe cómo cada sabor representa un instrumento musical y

cómo se combinan para crear una melodía única en el paladar.

- *Viaje culinario emocional:* escribe un relato en el que un personaje emprende un viaje gastronómico y cada plato que prueba está asociado con una emoción diferente. Describe cómo desencadena cada sabor una experiencia emocional y cómo evoluciona el personaje a lo largo de su viaje.
- *Sabores imposibles:* escribe un relato breve en el que aparezca un sabor que nunca nadie haya probado.

Olfato

> En la trilla de mieses la faena
> más tranquila y sonora del verano
> y en las eras doradas por la espiga
> huele a égloga.
>
> *Andalucía la baja,* FERNANDO VILLALÓN

En la reciente pandemia de COVID-19, uno de los múltiples síntomas de algunas variantes de este virus era la pérdida temporal del olfato. La pérdida de este sentido, que suele llevar aparejada la del gusto, puede durar entre dos semanas y un mes, aunque en algunos casos de coronavirus persistente se han registrado casos de personas que no han recuperado ambos sentidos. La pérdida de la capacidad de oler tiene más implicaciones de las que pueda pensarse: impide detectar algunas amenazas (escapes de gas, alimentos en mal estado, etcétera), impide saborear las comidas, afecta a la reviviscencia de recuerdos y limita la formación de nueva memoria (como han apuntado algunos estudios neurocientíficos), tiene connotaciones afectivas e íntimas, y está por ver qué efectos cognitivos puede causar si se sostiene durante un plazo demasiado largo.

Entre esos efectos, pueden estar los literarios: ¿cómo escribirá o cómo *describirá* una persona que ha perdido el olfato y el gusto durante varios años? ¿Será capaz, solo a partir de sus recuerdos, de elaborar una descripción convincente de un olor? O, consciente de su limitación perceptiva, y temiendo no acertar con el resultado al no poder comprobarlo en carne propia, ¿preferirá eliminar cualquier rastro olfativo de sus libros?

Para darnos cuenta de la importancia que tiene el olfato dentro de la descripción literaria, pocas muestras más poderosas que el segundo párrafo de *El perfume,* la celebrada novela de Patrick Süskind:

> En la época que nos ocupa reinaba en las ciudades un hedor apenas concebible para el hombre moderno. Las calles apestaban a estiércol, los patios interiores apestaban a orina, los huecos de las escaleras apestaban a madera podrida y excrementos de rata; las cocinas, a col podrida y grasa de carnero; los aposentos sin ventilación apestaban a polvo enmohecido; los dormitorios, a sábanas grasientas, a edredones húmedos y al penetrante olor dulzón de los orinales. Las chimeneas apestaban a azufre; las curtidurías, a lejías cáusticas; los mataderos, a sangre coagulada. Hombres

> y mujeres apestaban a sudor y a ropa sucia; en sus bocas apestaban los dientes infectados, los alientos olían a cebolla y los cuerpos, cuando ya no eran jóvenes, a queso rancio, a leche agria y a tumores malignos. Apestaban los ríos, apestaban las plazas, apestaban las iglesias y el hedor se respiraba por igual bajo los puentes y en los palacios. El campesino apestaba como el clérigo; el oficial de artesano, como la esposa del maestro; apestaba la nobleza entera y, sí, incluso el rey apestaba como un animal carnicero y la reina como una cabra vieja, tanto en verano como en invierno, porque en el siglo XVIII aún no se había atajado la actividad corrosiva de las bacterias y por consiguiente no había ninguna acción humana, ni creadora ni destructora, ninguna manifestación de vida incipiente o en decadencia que no fuera acompañada de algún hedor (1997, pp. 13-14).

Fijémonos bien en este párrafo, que tiene varias virtudes: en primer lugar, despierta la sensorialidad del lector, involucrando a quien lee en su propia memoria olfativa y, con ella, en la sensación de desagrado. En segundo lugar, la cadena de frases descriptivas de olores activa el gusto en algunos puntos, por lo que la experiencia se vuelve más rica –y más espinosa, al mismo tiempo–. En tercer lugar, y esto es muy interesante, el amplio espectro de olores recreados por Süskind sitúa ante nuestros ojos diversos escenarios, oficios y estamentos sociales, y en consecuencia nos permite *ver el siglo XVIII* francés, con sus pestilentes sombras, junto a sus celebradas Luces ilustradas. Es un modo ideal de comenzar una novela histórica, sumergirnos en la época a partir de los sentidos. Por apuntar algo negativo del párrafo, podríamos señalar la repetición excesiva del verbo «apestar», que podría haber sido sustituido por otros verbos o por paráfrasis, pero también se consigue un efecto de énfasis mediante su machacona presencia: el verbo *apestar* acaba saturando nuestro cerebro, de la misma manera en que el hedor satura el olfato.

Primer ejercicio: la memoria olfativa primigenia

En la línea del «efecto Proust» mencionado páginas más arriba, ¿cuál es el primer olor que recuerdas haber sentido? Intenta volver a tu infancia o adolescencia, a un momento preciso en el que el encuentro concreto con una realidad vaya asociado a un olor: el contacto con el mar unido a la peste emanada del pescado podrido, un paseo por el campo ligado al penetrante olor de la tierra mojada, la estancia en un jardín donde apreciamos el inconfundible rastro del césped recién segado… Recuerda que Gaston Leroux escribió *El perfume de la dama de negro,* toda una novela sobre esta premisa. Haz un ejercicio de reviviscencia, real o imaginada, en el que la memoria olfativa tenga un papel predominante.

Segundo ejercicio

Describe tu ciudad –sin explicitar cuál es– a través del olfato, de manera que pueda ser adivinada o, incluso, de modo que no pueda ser confundida con ninguna otra.

Tercer ejercicio

Intenta describir algún olor relacionado con una de tus abuelas, o con uno de tus antiguos profesores del colegio.

Cuarto ejercicio

«Escribe un texto que provoque asco en tus compañeros» (Montes, 2008, p. 133), familiares o amigos.

Quinto ejercicio

Ponte en la piel de una persona que haya perdido el olfato durante diez años, e imagina alguna situación donde esa pérdida se convierta en un elemento narrativo de relieve.

Otra variante de este ejercicio podría ser describir el momento en que alguien recupera de golpe el sentido del olfato, con la consiguiente carga emocional y sensitiva.

Oído

> O la catarata, o la música oída tan hondo
> que ya no se oye sino que tú eres música
> mientras la música dura.
>
> *Cuatro cuartetos,* T. S. Eliot

Según el neurocientífico António Damásio, el oído es uno de los sentidos principales para crear la conciencia: «A veces todo lo que oyes es el susurro de la subsecuente traslación verbal de la reseña o de alguna inferencia relacionada: sí, yo soy quien escucha o palpa o ve» (2000, p. 193). El motivo es que podemos o no desconfiar de lo que vemos, pero lo que oímos llega con la garantía de ser algo *existente y exterior*. Los simulacros –piensa en los cascos de realidad virtual, en las gafas 3d– suelen dirigirse a los ojos, mientras que las orejas están aisladas en el lateral de la cabeza, captando como radares las ondas sónicas emitidas en nuestra frecuencia audible. Cuando estamos dormidos el resto de los sentidos se atenúa, pero basta un ruido de cierta magnitud para hacernos despertar: el cerebro sabe que *algo* sucede fuera de sí, porque lo oye, y nos alerta, sacándonos del sueño.

La capacidad de escucha es decisiva para nuestra creación, pues a través de preguntas a padres y amigos es como vamos conformando y entendiendo el mundo en la infancia, y también tiene una incidencia notable en nuestra formación estética y emocional, pues el sentido del oído es el que nos permite escuchar –y crear– la música, ese arte sonoro medular en nuestra memoria, nuestras querencias y nuestro gusto.

Ninguna manifestación literaria existiría sin la capacidad humana de percibir distintos sonidos. El teatro, con sus conversaciones actorales sobre la escena, necesita del oído de una forma estructural, casi constitutiva. Aunque nos limitemos a leer en casa un drama teatral o una comedia, la emisión de contenido cognitivo en forma audible –para los otros actores y para el público– es el centro mismo de la obra. Pero en la poesía el sonido es esencial también: los aspectos fónicos de las palabras y, en la lírica clásica, alguna de sus características estróficas, como la rima, son incomprensibles sin el oído. En la poesía, como luego veremos, el lenguaje *suena* con una intensidad deliberada, de ahí que sigan siendo muy habituales las lecturas poéticas, a las que vamos precisamente para escuchar los poemas recitados en voz alta. Y lo mismo sucede con las *jams* de *spoken word,* con las peleas de gallos de rap, con algunas performances mitad poéticas y mitad artísticas, etc.

Y no debemos olvidar que en la narrativa, sobre todo en la novela –en el relato breve, depende del enfoque que utilicemos–, el oído es muy relevante. Por ejemplo, piensa en los diálogos entre los personajes. Cuando en un taller literario se practica con el diálogo, lo primero que se debate es si ese intercambio de voces *suena bien,* esto es: si es verosímil, si parece natural a la vista de las innumerables conversaciones que hemos sostenido a lo largo de nuestra vida y que constituyen nuestra memoria acústica. De no ser así, quien dirige el taller comenta que el diálogo *no suena creíble.* Y la mezcolanza de voces incluidas en la narrativa –recordemos el importante e inmemorial papel de la oralidad en la construcción de los personajes– es una característica habitual del género. Narradores y cuentistas son descritos muchas veces como «ladrones de oído», por su capacidad de generar páginas en las que parece que se cuela la vida gracias a su capacidad de escucha e imitación de conversaciones y sonidos. En la literatura reciente, se considera al estadounidense Cormac McCarthy como un maestro del diálogo narrativo, y varios novelistas han confesado que estudian sus novelas para aprender a construir conversaciones fidedignas.

Por citar varios ejemplos, de los infinitos posibles, en los que este sentido tiene una importancia central, pensemos para empezar en el relato «Las pisadas misteriosas» (1910), de Gilbert K. Chesterton, incluido en su serie detectivesca *El candor del padre Brown,* que presenta a un personaje muy singular: un sacerdote que realiza pesquisas detectivescas. En «Las pisadas misteriosas», uno de los cuentos más sobresalientes de la colección, el clérigo resuelve un caso de robo escuchando con mucho cuidado las pisadas que se oyen en la planta superior, durante el almuerzo en un club de personas distinguidas. Su afinado oído discrimina cuándo el criminal se hace pasar por uno de los camareros, y cuándo se infiltra entre los invitados, simplemente por el ruido y el ritmo que llevan sus pasos.

También Gabriel Miró, en su novela breve *Las cerezas del cementerio* (1910), tiene una hermosa escena construida sobre la escucha, cuando Félix pasa la primera noche en la casa del pueblo de su tío Eduardo y a través del oído se hace con el lugar y va descifrando cada ruido y cada movimiento audible en la madrugada.

Sin embargo, en nuestra narrativa, quizá la obra más celebrada por sus valores acústicos es *El Jarama* (1955), de Rafael Sánchez Ferlosio. Es una obra en la que los diálogos cobran un protagonismo sobresaliente, sosteniendo la historia sobre el parco narrador que enmarca los sucesos en tercera persona. Pese a su aparente «espontaneidad», algunas partes fueron reescritas por Sánchez Ferlosio hasta ocho veces, lo que demuestra que la naturalidad literaria es una virtud muy trabajosa y esforzada. El coloquialismo del habla de los jóvenes protagonistas se logra reproduciendo algunas características sintácticas y forzando otras, como la sustitución de las subordinadas por la coordinación con «y» («Te lo guardas, y todos marchamos mejor») o por yuxtaposiciones de frases breves (Hernando Cuadrado, 2005, p. 389). También por el uso del estilo directo: «Conque me planto en la misma puerta de la alcoba, con la maleta en la mano ya, y en la otra el cencerro, y me lío a sonar y a sonar y allí se las soné todas juntas a la pareja feliz» (Sánchez Ferlosio, 2001, p. 109). Se obtienen así personajes muy vivos, cuya espontaneidad verbal nos resulta próxima, lo que nos facilita sentirnos involucrados con sus actitudes y emociones.

Vamos a ver algunas posibilidades para trabajar este importante sentido.

Primer ejercicio

Imagina que tienes un amigo ciego y le pides que te acompañe al Museo del Prado; allí vais a admirar cuadros. Tú con los ojos, él con el oído, porque tú vas a describirle algunas obras maestras con todo detalle, para intentar que *las vea en su mente*. Entra en la web del Prado, elige un cuadro de Goya, Velázquez o Rubens (el tríptico *El jardín de las delicias,* de El Bosco, puede dar mucho juego: describirlo puede dar pie a la escritura de un relato fantástico), y piensa que debes describírselo a un ciego de la manera más precisa, rica, imaginativa y plástica. Luego léele el resultado a una amiga o a un miembro de tu familia, sin decirles de qué cuadro se trata. Si el ejercicio está bien hecho (y tienen un poco de cultura artística), deberían ser capaces de adivinar cuál es el cuadro.

Segundo ejercicio: visualizar de oído

Prepárate para escribir. Esto es: apaga el teléfono móvil, llévatelo a otra habitación, para no distraerte; busca útiles de escritura –cuaderno, hojas o folios sueltos, bolígrafo, punta fina, birome, estilográfica, lápiz, rotuladores, lo que prefieras, pero que sean instrumentos y soportes para escribir a mano– y asegúrate de que dispones de un buen rato por delante.

Sitúate en un lugar cómodo frente a la televisión; si no tienes televisor, frente a la pantalla de tu portátil o computadora, pero siempre que esta quede situada lejos, donde no puedas tocarla ni caer en la tentación de consultar tu correo electrónico, etcétera.

Ahora, enciende el televisor y quítale la imagen, manteniendo el sonido. Ve pasando canales hasta que llegues a la voz o voces de una o varias personas que hablan o conversan entre sí, y que te generen un cierto extrañamiento. Es decir, este ejercicio no funcionará con un presentador de telediario, ni con unos comentaristas deportivos retransmitiendo un partido. Esas voces deberían narrar algo que te parece sugerente, o que te inquieta, o que aún no comprendes bien, o sostener una conversación interesante.

Entonces es cuando te pones a describir *el lugar en el que están*. El escenario, el decorado, el territorio, el posible país u origen geográfico, lo que prefieras, pero intenta que tu texto sitúe o enmarque lo que escuchas en ese momento. Intenta que sea perfectamente visualizable, piensa en ti mismo como el posible lector de ese texto que no cuenta con más referencias para orientarse respecto a lo que escucha en ese instante. Intenta insertar detalles originales, espacios sugestivos, objetos que puedan tener que ver o que incluso expliquen lo que está ocurriendo entre esas voces. Describe el paisaje de fondo, inventa un par de ventanas y lo que se ve a través de ellas, si es de día o de noche, si llueve o hace sol, si el viento mueve algunas ramas; piensa qué temperatura hace en ese lugar donde las personas hablan, intenta discernir los posibles ruidos de fondo, darles sentido, ponerles nombre.

Cuando lleves escritas dos páginas de cuaderno o una carilla de folio, levántate y apaga el televisor. Ahora fuérzate a continuar esa historia o a empezar otra que se desarrolle en ese lugar. Parte del propio mundo que tú has creado con tu imaginación visual.

Otros ejercicios para ahondar

1. Traducción musical

Convierte una pieza musical que te guste en un poema o en un relato: por cada nota, una sílaba o una palabra.

2. Diálogo de sordos

Escribe un diálogo donde las aseveraciones y réplicas de los personajes no se correspondan, perteneciendo a conversaciones diferentes. Comprobarás que no te resulta sencillo: tendemos de forma inconsciente a que los personajes *se escuchen y se entiendan.*

3. Palabras inventadas

«Escriba un texto corto con palabras inventadas que, sin embargo, pueda tener sentido para un hipotético lector» (Vázquez Alonso, 2013, p. 94).

4. El estadio

Reproduce en una escena narrativa el barullo acústico del descanso o intermedio de un partido. ¿Serías capaz de hacer un cuento a través de una conversación que tiene lugar entre decenas de personas, solo reproduciendo el diálogo masivo?

5. Niños

Uno de los tipos de diálogo más difíciles de escribir: el de niños. Hay ejemplos notables en obras de William Golding *(El señor de las moscas)* o Jules Verne *(Dos años de vacaciones)*. ¿Te animas a escribir la tensión de un divorcio a través de una conversación privada, sostenida entre dos hijos de la pareja que se rompe?

Tacto

El tacto es uno de los sentidos que pasan más desapercibidos para nosotros, si lo comparamos con la vista y el oído. Sin embargo, somos todo tacto: el órgano en el que reside (la piel) nos rodea por completo. Es el primer sentido en existir, la base en que se apoyan los otros. Además, el tacto nos proporciona información diferente sobre los objetos: no solo el tamaño, sino también la forma que tienen, su temperatura, su dureza, su rugosidad, vibración o humedad… A través de él percibimos placer y dolor: para este último (para nuestra conservación) es sin duda esencial, nuestro sistema de alarma principal. Es el más maleable de los sentidos, pero por ello también el más difuso y complejo. En realidad, el tacto es una integración de la información transmitida por diversos órganos sensoriales, que construyen una especie de sinfonía:

> Al igual que los instrumentos individuales en una orquesta, cada subtipo de corpúsculo transmite una característica específica de las fuerzas que actúan sobre la piel, culminando colectivamente en una sinfonía musical de impulsos neuronales que el cerebro traduce como un toque (Zimmerman, cit. en Vega y Suazo, 2021, p. 9).

Por todo ello, el tacto pasa con frecuencia desapercibido, ahogado por los sentidos que son más llamativos. Así que es necesario ejercitarlo.

El tacto nos enraíza en nuestra carne y nos devuelve a nuestro ser corporal, carnal. Como cuerpo, ocupamos una posición en el mundo y tropezamos, topamos, pero también abrazamos y nos entretejemos con cuanto nos rodea. Vamos a tratar de realizar una inmersión en esta carnalidad que es el mundo a través de una jornada que se va a extender en el tiempo. Podemos plantearnos para esta sección una inmersión «táctil» en nuestro día.

Primer ejercicio

Solemos orientarnos por la vista… A no ser que no haya luz. ¿No nos ha pasado alguna vez que, al despertarnos en una casa que nos resulta poco habitual, no sabemos dónde nos encontramos? En las primeras páginas de *En busca del tiempo perdido* se describe este estado de desorientación que lleva a poner en duda la propia identidad: «Y al despertarme a medianoche, como no sabía en dónde me encontraba, en el primer momento tampoco sabía quién era» (1966, p. 14). Al despertarse, todo el mundo gira en torno del narrador, proporcionándole imágenes de los diversos cuartos en los que ha estado, de modo que todo va cambiando de sitio.

Cuando vayas a dormir fuera de casa (especialmente en vacaciones, cuando variamos con frecuencia de dormitorio) lleva una libreta contigo. Ponla, con un bolígrafo, junto a la cama. Lógicamente es necesario un escenario que permanezca a oscuras al amanecer. Puede ser que, al despertar, busques algo a un lado y… de repente ahí no haya nada. O que tropieces con una lámpara u otro objeto que no debía estar ahí y casi lo derribes. Son momentos de desconcierto en los que se abre una grieta en nuestra cotidianidad, hasta que finalmente reconstruimos el lugar en el que nos encontramos. ¿Qué ha pasado en este instante por tu cabeza? ¿Alguna imagen, algún recuerdo? ¿Ha ido tu cabeza hacia otro dormitorio, hacia otra casa, hacia otro lugar? Apúntalo. Cuando hayas acabado las vacaciones, reúne estos tanteos, entretejiendo los espacios (las casas de verano, las casas de invierno), pasando de un dormitorio entrevisto a otro real, de ahí a uno imaginado o soñado. Escribe un texto sobre estos cambios de espacio. No temas los saltos ni las incongruencias. Déjate caer en las grietas, las fallas, las zonas de indeterminación.

Segundo ejercicio

Quizá alguno recuerde uno de los célebres juegos de campamento: comer a ciegas. Con los ojos vendados, se ofrecía cualquier combinación de alimentos (algunos convencionales, otros extraños o incluso asquerosos…); el jugador, a ciegas, podía temerse lo peor. En este ejercicio necesitamos lógicamente jugar con alguien que nos vaya proporcionando objetos variados. También podemos temer lo peor, en función de nuestro compañero: ¿una pelota? ¿Mantequilla? ¿Un trozo de sandía? ¿Una camisa? Cualquier objeto, alimento, podría ser. Es interesante saltar de un extremo a otro, contraponer objetos alejados en forma, tamaño, tipo de superficie... Con los ojos cerrados tenemos que explorar lo que se nos presenta. No se trata de saber qué es: pregúntate por su tamaño, su temperatura, su rugosidad, su dureza (o blandura) y ve buscando una comparación para cada una de estas cualidades. Su forma es como... Es blando (o duro) como... El objetivo no es, en principio, acertar, sino explorar la información que ofrece el tacto y dejarse llevar por las asociaciones que nos brinda. Claro que... ¿sabemos al final qué hemos tocado?

Tercer ejercicio

Cuando estés en un espacio natural como la playa, descálzate frente al mar y cierra los ojos. Nota aspectos que hasta ahora te habían pasado desapercibidos: la temperatura de la arena, si esta es fina o contiene piedras (cortantes o duras)... Quédate en la orilla, con los pies sumergidos. Nota la humedad, el efecto de la espuma; observa cómo la arena desaparece bajo los pies. Anota todos estos pequeños cambios que percibes alrededor.

Cuarto ejercicio

El tacto desempeña una función afectiva y social fundamental. De ahí que se hable de «tener tacto» o «hacer las cosas con tacto». España siempre ha sido un país en el que el roce físico ha sido importante: los saludos con besos o los abrazos se multiplican. La pandemia afectó este contacto (haciéndonos tomar conciencia de su importancia), que luego se ha retomado.

Durante esta semana, repara en la manera de saludarse de las distintas personas. No hay dos formas iguales. Cada saludo revela un carácter. Fíjate en cómo son los besos: si se dan con fuerza, con delicadeza, si apenas rozan la piel (hay quien «hace como», pero no se acerca), con decisión o con duda. Observa los abrazos: hay quien golpea fuerte, quien lo hace delicadamente, con una mano, con dos. Pon atención a los apretones de mano: algunos fuertes, otros midiendo la intensidad para adaptarse, otros con «mano de pescado»... Apunta todas estas observaciones. Al término de una semana describe a dos o tres de las personas con las que has interactuado exclusivamente a partir de las sensaciones transmitidas a través del tacto: ¿qué dicen de su carácter, de su manera de relacionarse, de estar en el mundo? ¿Podrías construir un personaje, un carácter, una vida, a partir de ahí? Descríbelo en un párrafo.

Quinto ejercicio

Para alguno de nuestros talleres con adolescentes se nos ocurrió un ejercicio dirigido a desarrollar el sentido literario del tacto. Consistía en introducir varios objetos inusuales de pequeño tamaño dentro de una bolsa de tela; a continuación, se les pedía a los talleristas que introdujeran la mano en la bolsa, eligiesen uno, lo recorriesen lentamente con los dedos y luego lo describieran sobre el papel. Años después de ponerlo en práctica, descubriríamos que Felipe Montes, en su imaginativo y recomendable libro *Taller de escritura. 1303 ejercicios de creación literaria*, ya había descrito el mismo ejercicio: «Describe un objeto sin verlo, solo tocándolo dentro de una bolsa» (Montes, 2008, p. 94).

¿Sexto?

Llega la noche y con ella el reinado del eros. Hay quien ha llamado al sexo la más elevada forma del tacto. Este, como vemos, no solo es conocer y tocar, sino también ser tocado, ser alcanzado. Cada centímetro de la piel puede ser recorrido, partiendo de las yemas de los dedos, abriéndonos al otro y a nosotros mismos. Todo un mundo que novelas o poemas recorren y en el que podemos sumergirnos. Después la memoria lo traerá de regreso al papel.

Ejercicios con dos o más sentidos

Introducción

Como hemos visto en las páginas anteriores, los sentidos son «anclajes», vínculos, nexos que nos relacionan con el entorno en que vivimos. En el caso de los seres humanos, este desarrollo sensorial ha estado siempre al servicio de la vida, porque cumple una función adaptativa. Necesitamos ver para evitar los peligros y amenazas, pero también oír y relacionar causalmente los sonidos con las fuentes que los originan: de ello dependía (y aun ahora depende) la vida o la muerte. A través del gusto se comprobaba si los alimentos estaban en mal estado o si eran comestibles, y cuando no existía la luz artificial el tacto era el medio natural para avanzar en la noche o en lugares oscuros.

Esa importancia de los sentidos ha ido cambiando a lo largo de los cientos de miles de años de existencia humana, como es lógico. Algunos se han potenciado y otros se han reducido. Así, la evolución humana se ha caracterizado por el incremento de la visión y la reducción del olfato: al adquirir una postura erguida nos alejamos del suelo y de su enorme variedad de olores. Desde roedores hasta humanos los científicos detectan una reducción progresiva en la proporción de genes de receptores olfativos. Los ratones tienen aproximadamente 1.300 genes de receptores olfativos, de los cuales unos 1.100 son funcionales, mientras que los humanos tenemos solo unos 350. Esa pérdida se ha visto agravada por la polución medioambiental de las ciudades. En cambio, todo lo relacionado con la vista, como vimos en su momento, se ha expandido hasta el paroxismo. Una mutación en el cromosoma X hace que haya un tanto por ciento pequeño de mujeres, llamadas tetracrómatas (con cuatro conos oculares de visión, frente a los tres habituales) que pueden ver millones de colores distintos.

Pero ya hemos visto la importancia para el placer (también sexual) de olores y sabores. «Se canta lo que se pierde», decía Antonio Machado. Y los seres humanos nos damos cuenta de la importancia de algo cuando lo hemos perdido o corremos el riesgo de perderlo, como se ha indicado anteriormente en relación con la COVID-19.

Vamos a centrarnos ahora en la potenciación de los sentidos cuando unos se relacionan con otros, estableciendo esa «sinfonía» y «multidimensionalidad» de nuestra relación con el mundo. Pero también vamos a explorar el potencial que tiene para la escritura la *sinestesia:* la conexión y proyección de unos sentidos hacia otros.

Escritura multisensorial

Proponemos algunos ejercicios de escritura creativa relacionando dos o más sentidos:

- *Descripción multisensorial de un objeto:* elige un objeto (por ejemplo, una flor). Descríbelo utilizando al menos tres sentidos diferentes (vista, olfato, tacto) de manera detallada y creativa. Intenta crear una imagen vívida en la mente del lector que involucre múltiples sentidos.
- *Poesía sensorial o erótica:* escribe un poema en prosa que explore la conexión entre varios sentidos al describir una experiencia o emoción específica. Evoca sensaciones y percepciones sensoriales en el lector. Te proponemos, específicamente, que recrees un momento de experiencia amorosa o sexual desde la compleja pero rica perspectiva del erotismo, en la que lo evocado adquiere más importancia que lo explícito. Utiliza todos los sentidos.
- *Relato sensorial de un viaje:* escribe un relato de viaje en el que la protagonista (una joven, por ejemplo) explore un lugar utilizando diferentes sentidos.

Describe cómo se sienten, ven, oyen, saborean y huelen los entornos y las experiencias del viaje, que acaban transformando al personaje, en una especie de viaje iniciático.

- *Diálogo de experiencias sensoriales:* cada ser humano percibe la realidad de un modo diferente. Crea un diálogo entre dos personajes que describen una experiencia particular (un atardecer en la playa, un paseo por el bosque, una comida). Cada personaje debe expresar lo que está experimentando a través de diferentes sentidos y comparar sus percepciones.

De la multisensorialidad a la sinestesia

La sinestesia es un fenómeno perceptivo en el que se combinan o se fusionan dos o más sentidos diferentes, como ver con el oído o saborear con la vista. Es una forma de asociación sensorial no común, en la que una experiencia sensorial en un sentido desencadena una respuesta automática en otro.

El fenómeno tiene una explicación neurocientífica, porque la sinestesia no es más que una condición neurológica en la que la estimulación de un sentido involucra simultáneamente la percepción de otro sentido, creando conexiones inusuales entre experiencias sensoriales. Se estima que entre un cuatro y un veinte por ciento de la población tiene o siente, neurológicamente, experiencias sinestésicas. Existen distintos grados y tipos, como la sinestesia auditiva-visual o la sinestesia visual-gustativa, entre otras, cada una con sus propias características y manifestaciones. Pero todos los seres humanos somos capaces de imaginar y proyectar cualidades de un sentido a otro. Esta posibilidad, que podemos desarrollar y potenciar, ha producido muy hermosos textos literarios, especialmente en poesía. Pero ese tipo de conexiones y proyecciones sinestésicas están presentes en la vida cotidiana (hablamos de colores «cálidos» o «fríos»). Veamos algunos ejemplos:

- «Saborear la música»: el sentido del gusto se asocia con la experiencia sonora.
- «Un grito de color»: un sonido se asocia con un color, fusionando la experiencia auditiva y la visual.
- «Sentir el frío verde del bosque»: se fusionan la sensación táctil (frío) y el color (verde), creando una experiencia sensorial que involucra tanto el tacto como la vista.
- «Escuchar las estrellas brillar»: asociamos la audición con la percepción visual, uniendo los sentidos del oído y la vista.
- «Tocar la suavidad del silencio»: el sentido del tacto (tocar) se relaciona con la cualidad del silencio, incorporando la sensación táctil en la experiencia de algo relacionado con el sonido (o su ausencia).

Por su riqueza sensorial, la sinestesia es muy utilizada en literatura, música y artes plásticas para crear imágenes vívidas y evocadoras, y permite transmitir emociones y sensaciones de una manera más intensa.

Vamos a trabajar ahora con algunas de las muchas posibilidades de conexiones sinestésicas (que seguro que han estado ya presentes en la escritura de los ejercicios anteriores):

1. *Retrato de un personaje usando asociaciones sinestésicas:* elige un personaje (real o inventado). Crea una descripción que implique la transferencia de un sentido a otro para representar su personalidad, emociones o carácter. Por ejemplo, «sus palabras eran suaves y cálidas» o «su piel nos gritaba buscando la caricia».
2. *Descripción sinestésica de un lugar:* caracteriza un lugar utilizando sinestesias para transmitir su atmósfera y carácter. Por ejemplo: «El mercado era una sinfonía de colores, con notas de sabores que flotaban en el aire».
3. *Comparaciones y metáforas sinestésicas:* escribe comparaciones, metáforas o analogías que combinen y proyecten la experiencia sensorial a otro sentido. Por ejemplo, «el sabor del amarillo», «la textura del silencio». Crea imágenes sorprendentes y evocadoras.

Ejercicio de «resonancia»

Nuestra relación con el mundo está muy automatizada. Y eso nos hace perder perfiles, matices, dimensiones esenciales. Ya los formalistas rusos fueron conscientes del automatismo perceptivo, y colocaron en el centro de la experiencia literaria el «extrañamiento» *(ostranénie,* остранение) que Víktor Shklovski definía de esta manera: «El propósito del arte es el de impartir la sensación de las cosas como son percibidas y no como son sabidas (o concebidas). La técnica del arte de “extrañar” a los objetos, de hacer difíciles las formas, de incrementar la dificultad y magnitud de la percepción encuentra su razón en que el proceso de percepción no es estético como un fin en sí mismo y debe ser prolongado. El arte es una manera de experimentar la cualidad o esencia artística de un objeto; el objeto no es lo importante». Gracias a la literatura y al arte rompemos nuestro automatismo perceptivo y renovamos nuestra relación con el mundo. Los conceptos y las cosas, incluso las más próximas y habituales, no deberían parecernos iguales tras escribir sobre ellas; deberían expandirse, como cuando José Lezama Lima escribe sobre la luz que es «el primer animal visible de lo invisible». ¿No cambian, tras leer ese extraordinario verso, todas nuestras ideas preconcebidas sobre la luz?

La práctica que proponemos a continuación tiene dos momentos diferentes e importantes: en el primero, propiciaremos un contacto mucho más directo y menos condicionado con algún aspecto de la realidad. En el segundo, a partir de dicha experiencia *resonante* (a la vez corporal y cerebral), intentaremos buscar cauces y claves para expresarla de la manera más eficaz posible, a fin de despertar en el lector representaciones mentales dotadas de la fuerza del extrañamiento.

Con ello cumplimos la tarea que Juan Ramón Jiménez asignaba al poeta (en su sentido amplio de creador): ser capaz de captar «la realidad invisible» y permitir a través de la mediación de su palabra una experiencia análoga en el lector.

1. Buscamos una experiencia resonante

Hartmut Rosa, padre de la teoría social de la *resonancia,* la entiende como experiencia de relación viva con el mundo, en la que hay atención y apertura, nos dejamos tocar y de alguna manera salimos transformados. Es, pues, una poética de relación y encuentro, del silencio y de la escucha, de la *responsividad* y de asimilación transformadora. Sin embargo, no podemos forzarla, ya que en última instancia es *indisponible.*

Pero sí podemos intentar propiciarla. Y esto es lo que vamos a hacer.

Busca un momento de tu vida en que puedas parar, en que te permitas detener la aceleración a la que estamos sometidos, suspender toda dimensión utilitaria, y disponte a una experiencia de *gratuidad.*

Sal al campo, a un jardín o a cualquier lugar en el que puedas retomar un contacto vivo con la naturaleza. Busca un rincón en el que puedas estar y desde el que puedas contemplar por un rato, desde un ángulo distinto o perspectiva nueva, lo que se ofrece a tus sentidos. Deja que los sonidos, los olores, las imágenes te lleguen sin salirles al encuentro, sin automatizarlas. Contempla cada cosa como si fuera la primera vez. Capta la magia del sonido de los pájaros o del olor del lugar en que te encuentras. Para ello, cierra un rato los ojos, a fin de potenciar los demás sentidos. Siente también el contacto de tu piel con el aire. Inspira y espira con calma.

Tras haber acogido todo cuanto tus sentidos, sin excesivos filtros, te han ido proporcionando, procura disfrutar de ello, abrirte a esas dimensiones de la realidad que habitualmente no captas en tu relación funcional y automatizada con el mundo.

Intenta fijar y retener mentalmente esas percepciones ya transformadas en sensaciones interiores. Ahora nos disponemos a encarnarlas en palabras.

2. Expresamos la experiencia creativamente

Cada uno de nosotros tiene sus hábitos y dinámicas de escritura. Es probable que, para algunos, haber intentado esa experiencia resonante (incluso si no se ha conseguido) sea suficiente para disparar un flujo verbal dinámico y rico. Sin embargo, otras personas encontrarán muchas dificultades para expresar de manera original y no tópica ese momento. A los primeros les aconsejamos que se dejen llevar, que hagan una creación muy libre, pero que la sometan luego a una rigurosa relectura y corrección. A los segundos, que no se bloqueen, que anoten en su libreta o soporte de escritura, aunque sea fragmentariamente, todo lo que les vaya sugiriendo la experiencia: una serie de palabras-clave que luego pueden ser fundamentales para el proceso de escritura.

Entrar en este segundo momento requiere haber alcanzado de algún modo esa experiencia renovada de la realidad y haberla fijado con un mínimo de permanencia. También puede ser útil haber tomado alguna fotografía o breve vídeo de esos instantes, como excipiente o materia prima para una posterior reelaboración.

Aunque tú debes encontrar el cauce que adoptes para escribir (prosa o verso) y las orientaciones genéricas (relato, ensayo, poema), vamos a concretar esta experiencia de escritura en una forma breve y no siempre bien explicada: el *haiku.*

Para nuestra intención práctica recordamos:

a) *El corazón del haiku,* como ha subrayado Vicente Haya (2002), es esa dimensión sorprendedora («sagrada») que late en la realidad, y que se nos manifiesta si adoptamos esa disposición a tener una experiencia resonante.
b) El *haiku* es un poema-estrofa de 5-7-5 sílabas japonesas *(jion),* que procuramos volcar en una secuencia de 5-7-5 sílabas sin rima en español.
c) Pero el *haiku* es mucho más que un artificio formal. Como dijimos, debe tener en su núcleo una experiencia resonante, sagrada (y llevamos esta palabra más allá de sus usos «religiosos»). Como expresión consciente de la plenitud del instante que hemos vivido, suele contener una referencia al momento (estación del año, *kigo).*
d) Como sensación percibida poéticamente, de manera creativa, el *haiku* es impresión natural que se hace poesía, y se plasma con sencillez, de una manera muy esencial y a la vez elemental.
e) El *haiku,* en su capacidad sorpresiva, debe dejar algo no dicho, vibrando, apenas sugerido, a fin de suscitar también esa experiencia resonante en el lector.

Vamos, pues, a intentar un *haiku* a partir de nuestra experiencia de desautomatización, de extrañamiento, de vivencia de la plenitud del instante, de captación de dimensiones en la realidad que habitualmente nos pasan inadvertidas.

Nos pueden orientar algunos de los mejores *haikus* del

maestro más celebrado, Matsuo Bashō, aunque la traducción desvirtúe obligadamente la estructura métrica y rítmica. Por ello los ofrecemos en prosa:

La primera nieve. Las hojas de los narcisos apenas se inclinan.
A pesar de la niebla es bello el monte Fuji.
Lluvia de flores. Un cuervo busca en vano su nido.

También nos pueden orientar, en nuestro idioma, estas creaciones extraordinarias de Borges:

La vasta noche
no es ahora otra cosa
que una fragancia.

*

Bajo el alero
el espejo no copia
más que la luna.

*

Lejos un trino.
El ruiseñor no sabe
que te consuela.

O estos *haikus* de Octavio Paz:

El mundo cabe
en diecisiete sílabas:
tú en esta choza …

*

Hecho de aire
entre pinos y rocas
brota el poema.

O este *haiku* de Bashō, recreado por el propio Octavio Paz:

Este camino
nadie ya lo recorre
salvo el crepúsculo.

Es tu turno. Siguiendo la recomendación del propio Bashō, en otro de sus poemas, no intentes tanto imitar a estos maestros como recorrer el camino que ellos siguieron.

La aventura del flâneur

La vida de la ciudad se caracteriza por ser un estímulo permanente para todos los sentidos del que pasea por ella: atraviesas las calles y una bici te sale al paso; las señales publicitarias compiten por ganar tu atención; los ruidos son simultáneos, mientras pueden llegar a ti hilos de conversaciones de transeúntes o de grupos sentados en un bar; de repente, sigues con la mirada un luminoso cuando, sin darte cuenta, has ido a parar encima de unos excrementos. Sin duda, la ciudad nos hace pasar del éxtasis al asco en un segundo. Sin embargo, la costumbre cada vez más extendida de caminar con auriculares puede hacernos perder todas las posibilidades que un simple trayecto nos ofrece. Conviene practicar la apertura de los sentidos y la atención a cuanto nos llega a través de ellos. Ese será el objetivo del presente ejercicio.

Baudelaire popularizó la figura del *flâneur,* el paseante que vaga sin un rumbo fijo por la ciudad, cruzando por los pasajes parisinos, siguiendo una figura o deteniéndose ante un escaparate. En el *Diario de un poeta recién casado* de Juan Ramón Jiménez encontramos textos (como «La luna») en los que se muestra esta pérdida del aura: todo (incluso la luna que se persigue) son anuncios luminosos. Este arte urbano proseguirá en las vanguardias y llegará hasta hoy: el escritor sale a la calle para tratar de mostrar la vida que bulle en la ciudad, en formas a veces fragmentarias, caóticas o desorganizadas.

El ejercicio que te proponemos pretende precisamente entrar en contacto con esta variedad de estímulos, que sirven para la creación de un texto. Es una tarea que busca una escritura rápida, nerviosa, que yuxtaponga imágenes y sensaciones contrapuestas. Se trata precisamente de estar abierto a lo repentino y casual, lo inesperado que puede romper nuestra idea previa.

Sal a la calle. Es importante que lleves material con el que puedas sentirte cómodo para escribir de pie: puede ser el móvil (si no te resulta complicado) o una pequeña libreta. Fija la alarma de tu móvil para que suene en 7 minutos. El tiempo marcado hará que los sentidos se agudicen. Comienza a caminar. Durante el trayecto has de estar atento a todo lo que sucede alrededor: transeúntes, trabajadores, señales, gritos, sonidos (el claxon), olores… Por supuesto (y antes de nada), a las señales de tráfico.

Cuando suene la alarma, detente en un espacio que sea seguro. Has de apuntar al menos un elemento visual que haya despertado tu interés durante el trayecto (un cartel, una imagen), una persona (que habrás de describir someramente), un elemento sonoro, alguna palabra, algún olor. Tras apuntarlo, mira a tu alrededor y describe lo que te rodea.

A continuación, vuelve a poner la alarma del móvil y prosigue tu camino. Esta operación se realiza tres veces. Ya en casa, es bueno que vuelvas sobre lo escrito. Mira aquello que pueda resultar revelador y subraya los detalles sorprendentes, las asociaciones (o contradicciones) casuales que han podido surgir, y que pueden constituir el nervio de un posible texto.

Arrugar papeles

El escritor guatemalteco Javier Payeras diseñó este original ejercicio, que puede ser de tu interés, por las distintas sensorialidades que pone en marcha:

> Un ejercicio que propongo en mis talleres de creación literaria es precisamente observar una página en blanco, ver sus bordes, descubrir su color real, luego los alumnos deben tomarla en sus manos y estrujarla completamente para luego extenderla de nuevo, buscando dejarla lo más plana que sea posible, entonces hacer una nueva lectura descriptiva de lo que sobrevivió de su perfección. La idea es que escriban un relato que inicie con la hoja nueva, luego otro con la hoja arrugada y por último, en un ejercicio de extraña purificación, deberán quemarla, para dar paso a narrar con mucho detalle la forma de sus cenizas.

> En el proceso de nacer, vivir, morir está la historia de esta humilde hoja que nunca tuvo nada escrito pero que contiene un significado que nace justo en el momento en que decidimos su destino, ser objeto de nuestra observación y recreación de la metáfora de la vida (Payeras, 2021, p. 17).

La idea de destruir lo escrito puede sorprenderte o parecerte desagradable, pero contiene una lección que todo aspirante a escritor debe retener: por cada página considerada definitiva deberían existir muchas quemadas, arrugadas en la papelera o descartadas en los cajones. Escribir no es un proceso de acumulación, sino de destilación: es la cantidad de texto rechazado lo que nos convierte en autores, no el volumen finalmente publicado.

Piensa en el protagonista de *Hambre,* la novela de Knut Hamsun, que, antes de tirar a la basura una obra de teatro, termina de escribirla con el máximo cuidado. Debes decidir si esa inolvidable imagen es una metáfora metafísica o un recomendable hábito que cultivar.

Poner el cuerpo

El escritor Robert Juan-Cantavella es uno de los practicantes en España de lo que se ha llamado el reporterismo «gonzo», en la senda del estadounidense Hunter S. Thompson, el controvertido autor de libros delirantes y divertidos como *Miedo y asco en Las Vegas* o *El escritor gonzo.* Thompson no dudaba en involucrarse en las historias que contaba, viviéndolas en primera persona y por lo común en contacto con los paraísos artificiales o el alcohol. «Esto del gonzo –dice

Juan-Cantavella– tiene mucho que ver con meter el cuerpo por delante. Para meter el cuerpo hace falta un aliciente, un reto, algo a lo que aspirar o a lo que enfrentarse» (2016, p. 52). Se trata de una forma de periodismo extremo que, en sus mejores ejemplos, tiene muchos puntos de contacto con la literatura.

Un pequeño ejercicio que, sin llegar a los extremos de Thompson, implica «poner el cuerpo» y todos los sentidos para escribir es el siguiente. Toma una pequeña libreta y un bolígrafo. Sal a la calle y dirígete a cualquier calle concurrida. Allí, observa con atención a la masa circulante y elige una persona que despierte tu curiosidad.

Síguela durante tres o cuatro horas.

No interactúes con ella, actúa con discreción para que no te vea, mantente a distancia. Pero síguela de lejos; si toma un vehículo, para un taxi y que lo siga, si se monta en el autobús o en el metro hazlo tú también.

Cuando veas en ella algún gesto o detalle de interés, toma notas, no los dejes escapar. Apunta qué cosas o personas llaman su atención, examina su deriva por la ciudad, recuerda qué objetos toca o compra si entra en una tienda.

Luego regresa a casa y, a partir de todo lo que has visto, oído, anotado y caminado, intenta reconstruir la vida de esa persona.

IV
Ejercicios cognitivos

A) Cómo enlazar realidades o conceptos

Los seres humanos somos seres relacionales. La relación, el vínculo con las personas y con los objetos del mundo, forma parte de nuestra realidad. No somos seres aislados, sino, como hemos indicado, complejos sistemas dinámicos cuerpo-cerebro-entorno.

En nuestra mente (en ese complejo *theatrum mentis)* estamos relacionando constantemente realidades, personas, experiencias, conceptos, emociones... La propia realidad física de nuestro cerebro es relacional. Somos un complejísimo sistema de conexiones neuronales, que no solo mantienen una constante relación eléctrica y química a través de las *sinapsis* (esas conexiones entre *axones* y *dendritas),* sino también a través de otros sistemas de interacción cerebral.

El conocimiento humano es de naturaleza relacional. Desde nuestros primeros años de vida vamos aprendiendo a enlazar unas cosas con otras, causas con efectos y consecuencias, sonidos con significados... Nada hay tan importante para nuestras vidas como esas interacciones comunicativas en las que modificamos el mundo a nuestro alrededor, pero gracias a las cuales también nos modificamos nosotros.

Importancia de la lectura para potenciar nuestra capacidad relacional

El arte (que es también *téchne,* técnica) de la escritura es, antes que nada y por encima de todo, un ejercicio relacional. Nuestras propias proyecciones imaginativas parten siempre de experiencias vividas, leídas, vistas, recreadas. No existe la imaginación desde la nada o el vacío. Y por ello es también muy importante que en este momento insistamos en la importancia de la lectura para un escritor. Partimos de lo que otras, otros, han escrito antes que nosotros. Experimentamos pensamientos y sentimientos que nunca hemos tenido al leer este poema o al recrear desde nuestra imaginación la fuerza de ese otro relato. Somos «enanos a hombros de gigantes». Pero como nos situamos desde ellos, podemos aportar algo más, construir otro emplazamiento, crear otra visión. Elevamos y construimos nuestra propia voz en polifonía, en relación con otras voces que nos han antecedido, en esa dinámica que Harold Bloom ha llamado la «angustia» o la «ansiedad» de las influencias. Y por ello nuestro propio estilo, nuestra manera singular de ver la realidad y de reflejarla con palabras, tiene su propio ADN, su propia genealogía, que depende en gran medida de nuestras propias lecturas.

Relacionamos unas cosas con otras, unos pensamientos con otros, unos conceptos con otros, de un modo más previsible o menos previsible (en este último caso, volvemos a la *extrañeza* vista páginas atrás).

Por ejemplo: si te pido que pienses en palabras relacionadas con «noche», es muy probable que entre ellas aparezcan «oscuridad», «luna», «estrellas», «sueño», o incluso otras como «silencio», «misterio» o «serenidad», más abstractas pero relacionadas con ellas. Estas palabras están arraigadas en nuestras experiencias y percepciones comunes asociadas con la noche y reflejan la idea general de lo que se puede esperar durante este período del día. Sin embargo, parecen menos probables otras palabras y expresiones que veremos en los ejemplos siguientes, aunque también estén inevitablemente relacionadas con esos aspectos que caracterizan nuestra experiencia de la noche:

Éxtasis: «Éxtasis de la noche, noche de espejismos», Federico García Lorca.
Insomnio: «Noche insomne, noche con los ojos abiertos», Octavio Paz.
Ígneo: «La noche ígnea nos cobija en sus brazos ardientes», Pablo Neruda.
Resplandor: «Resplandor de la noche, estrellas en un éter oscuro», Emily Dickinson.
Efímera: «La noche efímera, un suspiro en el tiempo», Jorge Luis Borges.
Néctar: «Noche de néctar, la luna es mi copa», Matsuo Bashō.
Ecos: «La noche, llena de ecos susurrantes», Anne Sexton.
Enigma: «Noche, enigma que la luz no revela», Paul Verlaine.

Te proponemos, como ejercicio de escritura, que intentes expresar tu experiencia de la noche a través de conexiones o relaciones menos previsibles de lo habitual. Algunos autores indican que este es uno de los factores de la imaginación y la fantasía en procesos creativos: la capacidad de establecer relaciones nuevas y sorprendentes, que abren también la creatividad cómplice del lector a pensamientos o sentimientos no experimentados con anterioridad –al menos no con esos matices–. Escribe con libertad y luego intenta condensar esa experiencia relacional en la estructura más habitual del *haiku* en nuestro idioma –5/7/5 sílabas métricas sin rima.

Más allá de las relaciones. Un koan

Si quieres ir más lejos aún, intenta escribir algún *koan.*

Un *koan* es una pregunta o afirmación paradójica utilizada en la práctica meditativa en algunas ramas del budismo, particularmente en la tradición zen. Desafían el pensamiento lógico y buscan llevarnos, más allá del razonamiento convencional, a una percepción directa y no conceptual de la realidad.

El propósito principal de un *koan* es provocar un estado de *satori* o iluminación, en el que se logra una comprensión trascendental y no conceptual de la realidad. La práctica con *koans* implica meditar profundamente sobre la pregunta o afirmación y buscar una respuesta más allá de las palabras y el pensamiento discursivo. Aquí tienes algunos ejemplos de *koans* significativos y conocidos:

- «¿Cuál era tu rostro original antes de que nacieras?» Este *koan* nos invita a reflexionar sobre la naturaleza de nuestra existencia antes de nuestras experiencias terrenales, buscando trascender las limitaciones del tiempo y el ego.

- «¿Cuál es el sonido de una sola mano aplaudiendo?» Este *koan* nos lleva a explorar lo irracional y lo paradójico para abrir la mente y liberarla de la dualidad, llevando a una comprensión más profunda de la naturaleza de la realidad.

Este procedimiento puede parecer extraño, pero recuerda que, como escribía Mariano Peyrou en su excelente ensayo sobre poesía *Tensión y sentido*, «en algunos poemas llegamos a la experiencia estética aceptando y trascendiendo la incertidumbre que nos provocan sus palabras» (2020, p. 240). Algunos poetas, como Jesús Aguado, Lola Nieto o Marcos Canteli, han practicado la escritura con este registro. ¿Te atreves a intentar escribir un *koan?* Aunque no lo consigas o no sea muy logrado, habrá valido la pena intentarlo, en el empeño de ir más allá de las relaciones previsibles entre las cosas.

El misterio de las cosas

> Cada palabra es un enigma y es también una revelación. No es un símbolo, sino un misterio. En cada palabra está la infinitud del lenguaje y también el infinito de la ausencia de palabras, la nada.
>
> Octavio Paz

Vamos a proponer a continuación la lectura de algunos textos que enlazan, relacionan o vinculan, de modo sorprendente, realidades y experiencias, para intentar decir con palabras lo que no podemos decir con palabras. Para hacernos *resonar* ante «la realidad invisible» y abrirnos al misterio.

Quizá uno de los más logrados, profundos y radicales es este fragmento del poema primero de *Animal de fondo* (luego *Dios deseado y deseante)* de Juan Ramón Jiménez, titulado «La trasparencia, dios, la trasparencia» (respetamos la ortografía juanramoniana):

> Eres la gracia libre,
> la gloria del gustar, la eterna simpatía,
> el gozo del temblor, la luminaria
> del clariver, el fondo del amor,
> el horizonte que no quita nada;
> la trasparencia, dios, la trasparencia

En estos hermosos versos, tras haberse aproximado a ese «dios» con minúscula, porque es el nombre más común, porque está en todo y en todos («deseado y deseante»), a través de caracterizaciones negativas y positivas, intenta llegar a una aproximación límite en la que cada palabra adquiere todo el espesor de su significado:

- La «gracia»: lo que se da y se recibe gratis, sin obligaciones ni coacciones, es además «libre», con lo que refuerza aún más su significado.
- El «gustar», la experiencia más interior y placentera

de lo humano, alcanza su paroxismo: es «gloria» del gustar.

- El gozo *(gaudium),* que va más allá de la alegría o la felicidad condicionadas, porque es incondicional, es provocado por ese «temblor» que nos recuerda de inmediato la definición de lo «sagrado» por Rudof Otto *(numen tremens et fascinans).* Veremos que de inmediato aparece la experiencia fascinante.
- El «clariver» (hermoso neologismo para ese «ver claro», en transparencia) emana de la «luminaria» de ese dios (no olvidemos que en casi todas las culturas hay una asociación dios-luz).
- El «amor», la categoría humana esencial, aparece aquí atribuida a ese dios que funda o fundamenta el amor.
- Ante la imposibilidad de caracterizar ese «dios» con palabras, nos acercamos al silencio: un horizonte que no quita (que no oculta nada). La transparencia, que une inmanencia y transcendencia.

Es muy difícil que siquiera nos aproximemos a estos límites de creatividad verbal. Pero podemos intentarlo. Y ello no depende de que seamos creyentes, ateos o agnósticos. Ser humanos es estar en la *physis,* en la naturaleza y en el mundo físico, pero también transcenderlo gracias a la palabra, a la vez reveladora y veladora. Como afirma María Zambrano, estamos en lo sagrado, estamos en el amor.

Procura construir, desde tus propias coordenadas de creencias, pensamientos, sentimientos y valores, esa línea de fuga. Araña «los afueras del lenguaje»; atrévete a intentar decir con palabras lo «inefable», lo que no se puede decir con palabras. Ya sabemos que es imposible, pero vale la pena impulsar nuestra creatividad desde este «atractor» último.

Porque incluso cuando se niega con sabiduría la realidad del misterio, como hace Fernando Pessoa (2022) –a través de su principal heterónimo, Alberto Caeiro–, emerge ante nosotros la poeticidad radical del misterio:

> El único sentido íntimo de las cosas
> Es que ellas no tienen sentido íntimo ninguno.
> No creo en Dios porque nunca lo vi.
> Si Él quisiera que yo creyera en Él,
> Sin duda que vendría a hablar conmigo
> Y entraría adentro por mi puerta
> Diciéndome, ¡Aquí estoy!
> (Esto es tal vez ridículo a los oídos
> De quien, por no saber lo que es mirar las cosas,
> No comprende a quien habla de ellas
> Con el modo de hablar que reparar en ellas enseña)
> Pero si Dios es las flores y los árboles
> Y los montes y sol y el rayo de luna.
> Entonces creo en Él,
> Entonces creo en Él a toda hora,
> Y mi vida toda es una oración y una misa,
> Y una comunión con los ojos y por los oídos.
> Pero si Dios es los árboles y las flores
> Y los montes y el rayo de luna y el sol,
> ¿Para qué le llamo Dios?
> Le llamo flores y árboles y montes y sol y rayo de luna;

Porque si Él se hizo, para que yo lo vea,
Sol y rayo de luna y flores y árboles y montes,
Si Él se me aparece como árboles y montes
Y rayo de luna y sol y flores,
Es que Él quiere que yo lo conozca
como árboles y montes y flores y rayo de luna y sol.
Y por eso yo lo obedezco
(¿Qué más sé yo de Dios, que Dios de sí mismo?),
Le obedezco viviendo, espontáneamente,
Como quien abre los ojos y ve,
Y le llamo rayo de luna y sol y flores y árboles y montes,
Y lo amo sin pensar en Él
Y lo pienso viendo y oyendo,
Y ando con Él a toda hora.

Ahora inicia, a través del cauce genérico que elijas (poema, poema en prosa, prosa poética, relato, texto dramático), el reto más radical que te planteamos en este libro: acercarte al límite de lo inefable.

B) Cómo trabajar con el lenguaje como herramienta creativa

En la sociedad de hoy, que se comunica a través de las redes sociales o aplicaciones de mensajería como WhatsApp, la comunicación es instantánea y se valora especialmente la inmediatez. Junto con la velocidad, la tecnología ha potenciado la repetición (de contenidos, de expresiones), como se observa en los contenidos compartidos a través de las redes. La consecuencia es un empobrecimiento del lenguaje (en léxico, sintaxis), convertido con frecuencia en iconos o abreviaturas, y el triunfo de una concepción instrumental del lenguaje: este se emplea simplemente como una herramienta para dar a conocer un contenido. El propio icono es ya un cliché paradigmático.

Tampoco vamos a echarnos las manos a la cabeza. Esto es lógico en el caso de las comunicaciones. El problema reside en que esta idea (latente) del lenguaje se imponga como su única concepción o su exclusiva posibilidad, porque dejaría al margen otras funciones de la lengua e incluso otra concepción: aquella que tiene que ver con la evocación, la sugerencia, lo imaginativo… También olvidaría aquellos aspectos que no tienen que ver directamente con la información directa o el contenido.

En este apartado, vamos a practicar esa dimensión puramente creativa del lenguaje, distante de la pura repetición.

Primer ejercicio

Inventar una nueva lengua. Tal vez recordemos el célebre capítulo 68 de la *Rayuela* de Julio Cortázar, en el que se describe una escena sexual, en un lenguaje cuyo léxico está en parte inventado. La sintaxis es la normal y la estructura del relato puede seguirse bien. Reproducimos un fragmento:

> Apenas él le amalaba el noema, a ella se le agolpaba el clémiso y caían en hidromurias, en salvajes ambonios, en sustalos exasperantes. Cada vez que él procuraba relamar las inco-

> pelusas, se enredaba en un grimado quejumbroso y tenía que envulsionarse de cara al nóvalo, sintiendo cómo poco a poco las arnillas se espejunaban, se iban apeltronando, reduplimiendo, hasta quedar tendido como el trimalciato de ergomanina al que se le han dejado caer unas fílulas de cariaconcia.

Como caso extremo, ya sea a través de las novelas o las series, todos hemos asistido a las posibilidades expresivas de los lenguajes inventados: de las escenas amorosas en lenguaje élfico, la solemnidad del alto valyrio o las arengas guerreras en dothraki. Trata ahora de escribir un texto con un lenguaje inventado: intenta, por ejemplo, expresar dolor, amor o tristeza: algún sentimiento poderoso. Pero debes evitar emplear palabras de idiomas conocidos. Déjate llevar por la sonoridad para expresar lo que quieres.

Segundo ejercicio

Quizá recuerdes aquel célebre ejemplo de Garcilaso con el que se nos explicaba la aliteración (o repetición de sonidos similares): «un susurro de abejas que sonaba». Puedes leer también el «Soneto en eses» de Carlos Edmundo de Ory: «La díscola la sílaba inconclusa / la hermosa sal inmensa en mi saliva…».

A continuación, trata de escribir un texto cuyas palabras, todas, contengan la letra «s». Repite el ejercicio con la letra «l».

Tercer ejercicio

Antes de que se difundiera por Instagram, la creatividad

en los nombres de comercios argentinos ya había sido materia de estudio (Gil, 2018): Paul Mac Carne (para una carnicería), Star Wash (lavandería), La torre de Pizza (sirviéndose del seseo), Acá Toy (para una juguetería)... Juega con títulos para crear dobles sentidos entre idiomas.

Cuarto ejercicio

Los mayores recordarán los calambures del dúo Gomaespuma, con los que formaban sus personajes: Felipe Luquín, Francisco Rupto, Luis Ricardo Borriquero... Forma parte de la tradición satírica que tiene eximios ejemplos en Góngora y Quevedo. La reagrupación de sílabas produce sentidos sorprendentes, con frecuencia humorísticos. Juega con ellos.

Quinto ejercicio

Juega con las palabras, uniéndolas, cambiando letras, para obtener resultados inesperados y polisémicos. Uno de los maestros contemporáneos es Julián Ríos, como podemos ver en *Larva:* «Yanquijotescalifornicadora» (Ríos, 2021, p. 106), «principote» (107), «Robinsonte de las cavernas» (104) «homenajenado» (98), «aliabierto» (147). Hay que hacer del lenguaje una fiesta.

También puedes jugar a prolongar los célebres versos del *Altazor* del chileno Vicente Huidobro. No olvides comenzar con «golon» y concluir con la rima «í-a»:

Ya viene la golondrina
Ya viene la golonfina
Ya viene la golontrina

Ya vine la goloncima
Ya viene la golonchina
Ya viene la golonclima
Ya viene la golonrima
Ya viene la golonrisa
La golongira
La golonlira
...

Sexto ejercicio

Este es un ejercicio de improvisación. Con uno o varios compañeros, lanzaos palabras que debéis encadenar sin pensar: lo primero que provoquen o que se os ocurra.

Además de descubrir interesantes significados subliminales (accediendo a formas ocultas o reprimidas), encontraréis asociaciones inesperadas, fuera de la lógica habitual.

Séptimo ejercicio

La metáfora es una poderosa herramienta cognoscitiva, que no solo se encuentra en la poesía, sino también en la base de algunos cambios de paradigmas científicos que han sucedido en la historia: la naturaleza es una máquina, el cerebro es un ordenador... Al unir dos elementos, tratamos de conocer algo que no conocemos o conocemos poco a través de otro objeto que conocemos mejor. La unión novedosa nos hace ver la realidad con nuevos ojos y apreciar aspectos hasta ese momento olvidados. Trata de realizar definiciones. Si le añades humor, tienes una greguería. Un ejemplo de Gómez de la Serna: «La leche es el agua vestida de novia».

C) Cómo trabajar la memoria (y el olvido)

Solo una cosa no hay. Es el olvido.
Dios, que salva el metal, salva la escoria
y cifra en su profética memoria
las lunas que serán y las que han sido.

«Everness», Jorge Luis Borges

Para el pensamiento clásico grecolatino y medieval, tres son las «potencias», poderes o facultades del alma humana: memoria, entendimiento y voluntad. Agustín de Hipona les dedica reflexiones que aun hoy tienen cierta vigencia: «Ellos [estos tres poderes] constituyen una única substancia espiritual; cada uno está contenido en los otros y todos en cada uno y se distinguen mediante sus relaciones mutuas». En el libro X de las *Confesiones,* describe el tesoro que almacena la memoria:

> Heme ante los campos y anchos senos de la memoria, donde están los tesoros de innumerables imágenes de toda clase de cosas acarreadas por los sentidos. Allí se halla escondido cuanto pensamos, ya aumentando, ya disminuyendo, ya variando de cualquier modo las cosas adquiridas por los sentidos, y todo cuanto se le ha encomendado y se halla allí depositado y no ha sido aún absorbido y sepultado por el olvido.
>
> Cuando estoy allí pido que se me presente lo que quiero, y algunas cosas preséntanse al momento; pero otras hay que buscarlas con más tiempo y como sacarlas de unos re-

> ceptáculos abstrusos; otras, en cambio, irrumpen en tropel, y cuando uno desea y busca otra cosa se ponen en medio, como diciendo: «¿No seremos nosotras?», mas espántelas yo del haz de mi memoria con la mano del corazón, hasta que se esclarece lo que quiero y salta a mi vista de su escondrijo.

Para la escritura creativa son fundamentales memoria, entendimiento y voluntad. Pero sin memoria no es posible el ejercicio de las otras facultades. Ni se pueden desplegar la imaginación y la fantasía que siempre están enraizadas en ella.

La memoria es la base de la construcción de la identidad individual y colectiva. Cuando la memoria se debilita, se falsea o desaparece –en la vida de los seres o de los pueblos–, hay una irreparable pérdida de la identidad (que por otra parte es dinámica, como dinámica, y no estática, es la memoria).

La memoria requiere del olvido. Jorge Luis Borges ha reflexionado de muchas maneras sobre lo uno y lo otro, especialmente en «Funes el memorioso», que pone de relieve que el exceso de memoria y la imposibilidad del olvido también son totalmente destructivos e impiden la vida, basada en la selección (también de los recuerdos). Así nos narra la historia de Ireneo Funes, un joven que, debido a un accidente, adquiere una memoria eidética o fotográfica perfecta. Esta memoria excepcional le permite recordar cada detalle de su vida y de todo lo que percibe, lo que inicialmente parece una virtud, pero también supone una carga paralizante y lo aísla del mundo. Para recordar lo sucedido en un día Funes necesitaba un día completo, ya que cada detalle había quedado almacenado en su recuerdo. El relato aborda temas complejos, como la percepción del tiempo, la memoria y sus límites, la naturaleza de la identidad y la subjetividad, así como las consecuencias de una mente sobresaturada de información. Borges cuestiona la concepción tradicional de la memoria y la cognición.

Te proponemos algunos ejercicios.

Primer ejercicio

Memoria selectiva: haz una relación, sin afán de exhaustividad y sin desarrollar su enunciado, de los momentos más importantes de tu vida.

Segundo ejercicio

Memoria reciente: escribe con libertad, pero con cierto pormenor, los recuerdos más importantes del día de ayer.

Tercer ejercicio

Memoria exhaustiva: recuerda el momento más importante de tu vida. Recréalo y escribe sobre él con el mayor número posible de detalles.

Complejidad de la memoria. Pincelada desde la neurociencia

> Un poema se escribe con la memoria y con la intuición.
>
> Concha García (2002, p. 187)

La realidad de la memoria, compleja y polifacética, trasciende las fronteras disciplinarias. Desde la neurociencia hasta la filosofía, la psicología y la sociología, la historia, la literatura y el arte, se nos invita a explorarla y entenderla desde múltiples perspectivas. En las páginas que siguen ofreceremos algunas claves, muy orientadas a su fortalecimiento y a su utilización creativa en los procesos de escritura.

La memoria, en términos neurocientíficos, es el proceso cognitivo mediante el cual se codifican, almacenan y recuperan experiencias y conocimientos previos. La memoria, en sentido estricto, es siempre memoria de lo pasado, aunque desde ella podamos también hacer proyecciones prospectivas hacia el futuro.

Este proceso implica complejas interacciones entre neuronas y redes neuronales en diversas áreas del cerebro. Se reconocen varios tipos de memoria, como la memoria sensorial, la memoria a corto plazo y la memoria a largo plazo, cada una con sus propias características y mecanismos.

La memoria es un proceso dinámico, flexible y adaptable que se ve influenciado por diversos factores, especialmente la emoción, el contexto y la repetición. Las conexiones sinápticas y la plasticidad cerebral son fundamentales para la formación y consolidación de la memoria, y su estudio a nivel neurobiológico brinda perspectivas valiosas sobre cómo comprendemos y recordamos nuestro pasado.

Recuerdo: racionalidad, emocionalidad, corporeidad

Recordar significa literalmente «volver a pasar por el corazón», que durante mucho tiempo se pensó que era la sede de la memoria. El recuerdo no solo recupera un registro de conceptos, nociones o ideas. En él hay también *imágenes* de todo tipo (visuales, auditivas, olfativas, táctiles, gustativas). Y, sobre todo, *emociones*. Hoy sabemos con bastante detalle, gracias a las neurociencias, que la memoria es una actividad en la que está implicado todo nuestro cuerpo: la codificación y almacenamiento de la memoria implican cambios físicos y químicos en las conexiones sinápticas entre las neuronas. Los recuerdos pueden fortalecerse mediante procesos como la potenciación a largo plazo, que implica un aumento duradero en la eficacia de las sinapsis. Esto se consigue, fundamentalmente, a través de la repetición, del uso de anclajes y de recursos mnemotécnicos.

- Ejercicio: elige un poema de al menos catorce versos con rima. Lee, relee, pronúncialo en voz alta hasta que lo hayas memorizado completo, sin errores, con fluidez y soltura. Recítalo de memoria, con voz clara, vocalizando y respetando las tensiones entre su léxico, su sintaxis y su estructura métrica y rítmica.

Al igual que es importante el proceso de registro, también lo es el de recuperación: el rescate de la memoria implica acceder a la información almacenada y traerla a la conciencia. Este proceso es altamente interactivo y puede estar influenciado por factores como el contexto, el estado emocional y las asociaciones con otras experiencias. Y no olvides que una de las claves para memorizar es el cultivo de la atención. Sobre todo en edades avanzadas, los llamados «despistes» no se deben tanto a un fallo de la memoria como a no haber puesto atención en el proceso que luego no recordamos (como dónde hemos puesto las llaves, las gafas o cualquier otro objeto).

Por ello, la práctica de *mindfulness* es siempre aconsejable para la potenciación de nuestra capacidad de atención y la adecuada decantación de la memoria, ayudando también al debilitamiento de ideas recurrentes u obsesivas, que además supone una disfunción que suele provocar mucho dolor e infelicidad.

Las emociones tienen un fuerte impacto en la memoria. Las experiencias emocionales suelen ser mejor recordadas que las experiencias neutrales. La amígdala, una región cerebral asociada con la emoción, juega un papel clave en la formación y consolidación de recuerdos emocionales. Y ten muy en cuenta que el estrés puede afectar la memoria y el recuerdo, tanto a corto como a largo plazo. El cortisol, una hormona liberada en respuesta al estrés, puede influir en la consolidación y recuperación (o no) de la memoria.

- Ejercicio de escritura: relájate, respira a fondo, procura mantenerte al menos un par de minutos atento a tu respiración, volviendo a ella cada vez que surja alguna idea o sentimiento que te desvíen del soporte de tu atención. Cuando acabes, te preguntas: ¿Cómo estoy? ¿Cómo me siento? Procura escribir con la mayor precisión y riqueza ese estado de ánimo (positivo o negativo). Procura ahora asociarlo con otro momento de tu vida. Rememora ese momento y recréalo verbalmente.

Memoria autobiográfica

La memoria autobiográfica implica la capacidad de recordar eventos y experiencias personales. Los recuerdos autobiográficos están intrínsecamente ligados a las emociones asociadas con esos eventos, lo que influye en la intensidad y precisión de la memoria. Pero también es una memoria cambiante con nuestra vida: recuerdos que nos causaban un profundo dolor en un momento determinado (experiencias de pérdida o de ruptura) pueden transformarse en recuerdos positivos cuando los contemplamos desde otra perspectiva, o los asociamos a todo lo que conseguimos tras aquellas experiencias negativas.

Un ejercicio de escritura de largo recorrido

La escritura tiene propiedades terapéuticas, curativas. Pero muy especialmente la escritura autobiográfica. Dedicar unos minutos todos los días (o varias veces a la semana) a poner por escrito nuestras experiencias más significativas, y hacerlo con voluntad de estilo, puede ser una de las claves fundamentales para ejercitarnos y avanzar en el oficio de escribir. Piensa en la importancia de la escritura memorialista. Pero también puedes intentar rescatar momentos del pasado, que no tienen por qué surgir en orden. Adquiere el hábito de dedicar un tiempo a escribir, como *flashes* o fogonazos del pasado, momentos importantes de tu vida. El recuerdo de ellos, la aceptación, sin excesivas aversiones ni apegos, tendrán una importante función homeostática, de equilibrio en tu vida. Y provocarán en ti efectos saludables, y tal vez, como ocurrió con *Ocnos,* de Luis Cernuda, textos de extraordinaria belleza.

Ejercicio: la fotografía

¿Cuánto de lo que recordamos procede de una vivencia propia? ¿Cuánto proviene de lo que nos han contado, hemos imaginado, nos hemos ido contando y durante este tiempo (sutilmente) se ha ido modificando en el relato? Y, de repente, topo con una fotografía y veo a alguien que entiendo que debo de ser yo, pero que apenas reconozco. Surge una grieta, una discontinuidad entre ese yo que estaba allí y ese que ahora lo mira: ¿hasta qué punto somos el mismo? ¿Hasta qué punto somos otro?

Partimos para este ejercicio de un poema de Jaime Gil de Biedma, «Intento formular mi experiencia de la guerra», en el que se aprecia la sima que separa la vivencia del niño que fue de su posterior imagen de la Guerra Civil. De niño, disfrutó aquella época como un tiempo paradisíaco: «Fueron, posiblemente, / los años más felices de mi vida». Sin embargo, esa imagen poco tiene que ver con las ideas de la guerra que tiene como adulto:

> Quien me conoce ahora
> dirá que mi experiencia
> nada tiene que ver con mis ideas,
> y es verdad. Mis ideas de la guerra cambiaron
> después, mucho después
> de que hubiera empezado la postguerra.

El autor se hace consciente de la distancia que media entre aquel que fue de niño y su presente actual. ¿Es posible volver a esta experiencia, o simplemente puede quedar en un intento de formulación?

Para realizar el ejercicio, es necesario que busques una fotografía de la infancia. Pero no debe ser una fotografía que veas continuamente. Rebusca en álbumes de fotos familiares, tal vez en montones de fotografías que estén en algún cajón. Si eres joven, quizá debas mirar en discos duros o memorias virtuales que hace tiempo no revisitas. Dedica un tiempo a repasarlas con tranquilidad. ¿Hay alguna que te llame la atención de alguna manera? ¿Alguna en la que aparezcas, pero no te reconozcas bien, o no sepas dónde estás, a qué situación se debe la fotografía? ¿O en la que veas algún elemento extraño? La foto no debía ser así, no debía estar en blanco y negro, o no debía estar determinada persona... Describe primero lo que ves y hazte consciente de esta extrañeza. Trata de recoger en lo que escribes la distancia, la incomprensión.

En un segundo momento, es bueno que realices una pequeña investigación. Pregunta a tus padres, a tus hermanos, a algún familiar, para que te informen o puedan encuadrar la escena que has elegido. ¿Qué hacíais ahí, a qué situación se debía la fotografía, cuál es la explicación de ese elemento extraño que no entiendes o que te sorprende? Trata de conocer el mayor número de datos sobre la escena. Los chats familiares pueden servir también (si la relación es buena) para que muchas personas aporten luz sobre un hecho del pasado.

Busca otro momento para volver a sentarte ante la fotografía y describe la escena a partir de los datos que te han brindado. ¿Te reconoces en esa situación? ¿Qué sensaciones te causa ahora el conjunto de informaciones que te han aportado? ¿Te refrescan la memoria y, de repente recuerdas algo que habías olvidado, o sigues experimentándolo como algo lejano y extraño?

Por último, en un momento de tranquilidad, cuando estés solo y tengas tiempo, quédate un buen rato mirando simplemente al niño que tienes en la fotografía. Más bien, deja que ese niño te mire. ¿Qué sientes? Trata de poner nombre a lo que experimentas: extrañeza, melancolía, tristeza, frialdad, distancia. Sigue exponiéndote a la mirada de ese niño. ¿Hay algo que te esté diciendo?

Escribe un texto con esa experiencia.

D) Cómo trabajar con la percepción de la primera y la tercera persona

La sensación de lectura cambia completamente cuando nos enfrentamos a narradores que alternan las distintas personas de las formas verbales singulares. Es decir: no es lo mismo leer una experiencia que se nos cuenta en primera persona que otra narrada en tercera, por *una voz* que nos cuenta sobre *otra persona distinta* (lo cual supone ya al menos tres personas: tú, como lector o lectora; la voz narrativa, el personaje retratado). Si la voz habla en primera persona, la triangulación anteriormente descrita se limita a un frontón entre quien lee y quien relata de forma protagonista.

Los escritores son archiconscientes de las consecuencias que tiene emplear una u otra. A veces, esa hiperconsciencia se vuelve parte de la temática de una obra concreta. Mira este párrafo de Elvira Navarro, perteneciente a uno de los cuentos de *La isla de los conejos* (2019):

> Va a relatarse en tercera persona, como si fuera una extraña. Desea instalarse en ese aire de gelidez serena con el que se acaba de imaginar, que a su vez es el tono que quiere para su escrito. Le parece la mejor manera de ensayar su nuevo cerebro, de adelantarse a lo que va a sucederle (2019, p. 29).

¿No es curioso que la narradora utilizada por Navarro hable de *sentirse extraña* para describir la experiencia? En realidad es lógico, porque se ha producido un desplazamiento cognitivo: quien narra no es ahora quien *experimenta,* quien percibe. La percepción no se corresponde con la voz protagonista, sino que ahora hay dos «personas» o «voces» que comparecen, cada una con su propia percepción. Es una forma de alejarse del yo, del sujeto íntegro y rocoso, para disolver la experiencia. Pero eso no tiene por qué ser una debilidad, sino todo lo contrario, puede reforzar la personalidad de quien (nos) cuenta. Vamos a verlo con otro ejemplo.

En su segunda obra narrativa, *Física de la tristeza* (2011), el escritor búlgaro Gueorgui Gospodínov habla del «refugio antiaéreo de la tercera persona». Esta extraña pero sugerente novela alterna la primera y la tercera persona, dependiendo de la edad del protagonista autoficcional que se esté describiendo en cada momento. Para hablar de ciertas partes de su peripecia vital, el narrador que nos cuenta la historia –que no debemos confundir con el propio Gospodínov, aunque juegue a identificarse con él– utiliza a veces un relato encarnado en una voz directa y confesional, que nos habla en primera persona, y otras se escuda y se distancia en la impersonalidad de la tercera forma verbal, que, aplicada a uno mismo (como hacía el emperador romano Julio César) establece de inmediato un salvoconducto, un búnker, una salida de incendios.

¿Quieres hacer la prueba? Escribe un relato en tercera persona, sobre cualquier tema que se te ocurra, en que el personaje principal sienta alguna emoción. Cuando lo acabes, escribe el mismo relato en primera persona. Verás cómo cambia inmediatamente la experiencia, y de qué forma las sensaciones y sentimientos se encarnan verbalmente de un modo muy distinto.

También se puede escribir narrativa en segunda persona, bien sea para apelar a un interlocutor inexistente, al lector o a la propia persona que escribe. También aquí se produce un desplazamiento interesante, porque hay una relación mucho más directa entre quien cuenta y quien escucha, sobre todo cuando se utiliza para *hablar con uno mismo:*

> mudan las sombras errantes en vuestra imprescindible horma huera, y hábilmente podrás jugar con los signos sin que el lector ingenuo lo advierta : sumergiéndote en un mundo fluyente, sometido a un proceso continuo de destrucción : distribuyendo entre tus egos dispersos los distintos papeles del coro y orquestándolos a continuación conforme al

> vuelo inspirado de la batuta : el leve correr de la pluma en el espacio rectangular de la página (Juan Goytisolo, *Juan sin Tierra,* 1975, p. 147).

*

> No sabes escribir si no es desde la experiencia. Aunque luego la modifiques y la enriquezcas. Pero siempre hay algo de la realidad. Al menos eso pasa en lo que escribes. Y por eso a veces es arriesgado. Porque te expones (Miguel Ángel Hernández Navarro, *Presente continuo,* 2015, p. 39).

Pero esta posibilidad, que han empleado autores tan solventes como Michel Butor, Carlos Fuentes, Juan Goytisolo, Georges Perec, Fernanda García Lao, Theodore Sturgeon, Luis Rodríguez o Marta Carnicero, hay que utilizarla con cuidado e inteligencia, para que la lectura no resulte repetitiva. La presencia continua del *tú,* por su inhabitualidad, puede cansar al lector o predisponerle en contra de lo contado.

Recomendaciones para «desapercibirse»

Los lectores no expertos tienden a identificar el *yo* que habla en los textos, especialmente si son poemas, con la autora o autor del libro. Es una tendencia natural, y numerosos poetas la intensifican de forma deliberada. Pero esconde un problema: si la filiación de esa voz con quien firma el libro es clara e inequívoca, la potencia presencial de esa subjetividad impide al lector identificarse con la experiencia contada, paralizando la impresión perdurable y la posibilidad de vivir en neurona propia tanto la anécdota como las ideas explicitadas en el texto. Esto no quiere decir que no pueda sentirse apelado por lo que se cuenta, pero no podrá sentir como *propia* la voz con que se cuenta.

Es muy fácil desactivar esa identificación, y te recomendamos hacerlo. Las maneras de hacerlo son varias: introducir un personaje cuyas características le hagan inconfundible con el autor; incluir una voz que habla en primera persona desde un sexo distinto al propio; emplear un *nosotros* (como sucede en este libro que lees ahora); asociar la voz a un nombre propio diferente; ubicar el poema en unas coordenadas lejanas en el tiempo o en el espacio; utilizar un *tú* para hablar con uno mismo, escindiendo las personalidades y permitiendo la entrada de la alteridad; emplear la elipsis o fórmulas verbales impersonales; dar voz a un *nadie,* y un largo etcétera de posibilidades, a las que puedes añadir las que a ti se te ocurran.

Basta aplicar esas técnicas a dos o tres textos de la primera parte del libro que escribes para que la identificación entre ese «yo elocutorio» y el autor salte por los aires. De ese modo quien lea tu texto se libera del yugo subjetivo y puede apropiarse a voluntad de los textos que le afecten, o que le impliquen o interesen. Y no solo eso: en el resto de los cuentos o poemas, también puedes –si así lo deseas– dar rienda suelta al confesionalismo más extremo, sin que parezca tal, al perderse los puntos de referencia. Las vidas contadas pasan a operar como mundos posibles, ya sean ficticias o reales, generando sentido desde un espacio de indeterminación. La subjetividad del libro deviene en campo libérrimo, donde tanto los lectores como el autor pueden arrogarse, o no, todas las existencias, opiniones y vivencias del discurso escrito.

E) Luchar contra el bloqueo

El bloqueo del escritor es un asunto complejo, que daría para más de un libro. El motivo es que es la única experiencia cognitiva que conlleva efectos literarios negativos (la renuncia temporal a la escritura para meditar, o para renovarse, puede ser positiva y será siempre deliberada; en cambio, el bloqueo es la paralización indeseada y más o menos traumática de la creatividad). Para evitar el bloqueo, no es conveniente proporcionar recetas fáciles, que podrían causar un efecto contraproducente, pues hay diversos tipos de parálisis creativa y, por tanto, causas diversas en su origen. No todos los escritores lo han sufrido, aunque sí la mayoría. En el marco del proyecto de investigación de la Universidad de Sevilla «Hacia una teoría cognitiva de la imaginación creadora desde fundamentos teóricos, estéticos y neurocientíficos», que ya explicamos antes, se realizó una encuesta sobre el proceso creativo a la que respondieron cuarenta y seis personas. De los cuarenta y seis escritores, siete afirmaron no haber experimentado jamás ningún bloqueo: Antolín Rato, Valeria Correa Fiz, Julio César Galán, Bruno Galindo, Elvira Navarro, Javier Payeras y Marta Sanz. Los treinta y nueve restantes habían sufrido alguno, de una u otra manera, o bien alternaban los períodos de producción y de sequía con naturalidad.

Merece la pena ahondar en las respuestas de esos autores que asumían el ciclo entre cosecha y barbecho como algo lógico. Así lo hacía Ernesto Pérez Zúñiga, para quien «la dinámica rueda creativa [...] se compone de silencio y palabra»: son períodos que deben sucederse, pues «ese período de silencio alimentará la página», llenando «el depósito de la imaginación». En la misma línea, Lola Nieto comenta que tras dos meses «inmersa en la escritura», pueden sobrevenir otros meses en los que no escribe nada. Luis Cernuda, en su conocido ensayo *Historial de un libro,* comenta su preocupación inicial al caer en estos períodos de sequía, hasta comprender su carácter cíclico y regenerador de la escritura:

> Desde que comencé a escribir versos me preocupaba a veces la intermitencia que ocurría, a pesar mío, en el impulso para escribirlos. Este no dependía de mi voluntad, sino que se presentaba cuando quería [...]. En ocasiones dichos períodos de sequedad o esterilidad eran de unos meses, de un año, de dos; poco a poco fui viendo cómo, lejos de ser períodos estériles, eran períodos de descanso y de renuevo, igual que los del sueño lo son para el cuerpo y, después de ellos, al volver a escribir, observaba que mi trabajo se había enriquecido y transformado. De lo cual comprendí que no solo eran provechosos, sino necesarios, resultando en el crecimiento y desarrollo de la mente. Pero conviene que el poeta no se abandone durante tales períodos de inactividad involuntaria, sino que cultive asiduamente la lectura, la música, los viajes, todo aquello que conoce como fructífero para alimentarle y renovarle (1998, pp. 480-481).

No hay que preocuparse, por tanto, si tras un período fértil llega otro improductivo. Pero Cernuda recuerda la importancia de cultivarse en estos períodos o, como dice Pérez Zúñiga, de llenar «el depósito de la imaginación». No obstante, cuidado: lo esencial es que el artista se conozca a sí mismo, pues hay escritores que necesitan estar siempre ejercitando la musculatura de la escritura y, aunque sea un poco, no pueden dejar de escribir porque este hecho les causaría un bloqueo mayor. El único bloqueo que refiere Lolita Bosch, por ejemplo, tiene lugar tras dedicarse durante seis meses a la lectura en su horario de escritura: «Fue increíble. Pero luego me costó mucho regresar a la escritura». Otros autores, como Concha García o Antonio Luis Ginés, manifiestan, en cambio, que su solución es esperar: para ellos la solución al bloqueo viene, no es buscada.

Este ritmo de sístole y diástole se repite en el doble proceso consciente-inconsciente de la creación. Todos hemos oído historias de creadores o científicos que han encontrado la solución a un problema en la ducha o durmiendo. Hay que entender el proceso creativo en su complejidad: mientras que la conciencia se sirve de la atención, que trabaja intensamente, pero con pocas opciones, el pensamiento inconsciente abarca una enorme trama de redes, siendo mejor para decisiones que exigen comparar muchas alternativas al mismo tiempo. De ahí que uno de los consejos (José Antonio Llera) sea «caminar, alejarse, viajar» o «leer, pasear, dormir» (Raúl Asencio), o «hacer otras cosas que no tengan que ver con la escritura» para retomarlo «a los siguientes días»

(Dafne Benjumea). El inconsciente sigue trabajando el problema, y puede aportar una solución.

Se trata, en muchos de estos casos, de problemas técnicos concretos, pero que hacen encallar (a veces definitivamente) un texto, porque lo que se quiere llevar al papel, o lo que se entrevé, no puede tomar forma. Así lo expresa con claridad Sara Mesa en su contestación a la encuesta:

> No [he tenido bloqueos creativos]. He pasado por épocas más o menos fértiles, pero no podría hablar de bloqueo creativo. Mis bloqueos se deben más a la dificultad de resolver cuestiones narrativas una vez iniciada la escritura. La sensación, por ejemplo, de no ser capaz de escribir lo que en mi cabeza era de un modo determinado. O de encontrar que los textos fallan y no saber bien por qué, la necesidad de dar muchas vueltas para intentar mejorarlos. Son bloqueos en el sentido de que no produzco, no avanzo. En estos casos, abandono los textos por un tiempo, trato de escribir otra cosa, leo.

Lógicamente, para que trabajen tanto el consciente como el inconsciente han de tener un cierto bagaje detrás: un conjunto de técnicas de escritura (según el género) adquiridas. Por ello, el estudio, la lectura o haber cursado unos estudios adecuados (talleres, másteres, cursos) es imprescindible. Aun así, el reto que plantea la escritura puede no dar con la vía adecuada (que tal vez no exista). El consejo reiterado por los escritores es leer. Así, Guillermo Busutil dice haber superado los bloqueos «mediante la lectura de géneros diferentes»;

Pablo Casado aconseja «leer mucho» y «escuchar mucho», además de esperar; Juan Andrés García Román también propone «leer y leer y estar abierto»; Juan Gómez Bárcena suele «tratar de separar[se] durante un tiempo del texto en el que está atascado y leer libros que tengan alguna relación con el tema o con las técnicas narrativas» que lleva a cabo.

En ocasiones, el cambio de una voz narrativa, el empleo de un tiempo diferente... era lo que demandaba el texto. El contacto con otros escritores de confianza (talleres, grupos, tertulias) puede ayudar a desatascar un problema concreto.

El bloqueo es casi siempre «una señal», «un síntoma o un aviso» (José Antonio Llera). Puede mostrarnos un conflicto entre la actividad creativa y otras tareas que el escritor tiene que desarrollar para vivir. La falta de tiempo es una de las dificultades con las que se tropieza uno. Así, Mario Martín Gijón explica el bloqueo que padeció durante la redacción de su tesis: «La investigación y la creación son difícilmente compatibles, solo alternables». Ada Salas comenta la dificultad de compatibilizar trabajo, maternidad y escritura: «Es imposible escribir (y leer, claro), trabajar para vivir, criar a uno o más hijos, son tres "cosas" imposibles de compatibilizar: no caben en un día, en una vida. A duras penas se puede escribir y trabajar a la vez, cuanto más atender a los hijos como necesitan ser atendidos y como tu amor necesita hacerlo». Las encuestas, como es natural, nos presentan una rica variedad de situaciones personales, por eso no es conveniente generalizar sobre el bloqueo creativo.

La necesidad de elegir, de priorizar o no la escritura sobre otras actividades, nos lleva a algunas de las preguntas fundamentales que plantea el bloqueo: ¿para qué escribir? ¿Por qué escribir? ¿Debo seguir escribiendo? ¿Merece la pena? ¿Por qué hablar y no mejor callar o simplemente dedicarme a leer? Se trata del primer consejo de Rainer Maria Rilke a Franz Xaver Kappus:

> Nadie puede aconsejarle ni ayudarle, nadie. Hay solo un único medio. Entre en usted. Examine ese fundamento que usted llama escribir; ponga a prueba si extiende sus raíces hasta el lugar más profundo del corazón; reconozca si se moriría usted si se le privara de escribir. Esto, sobre todo: pregúntese en la hora más silenciosa de su noche: *¿debo* escribir? Excave en sí mismo, en busca de una respuesta profunda. Y si esta hubiera de ser de asentimiento, si hubiera usted de enfrentarse a esta grave pregunta con un enérgico y sencillo *debo,* entonces construya su vida según esa necesidad: su vida, entrando hasta su hora más indiferente y pequeña, debe ser un signo y un testimonio de ese impulso.

En el caso de una respuesta afirmativa y, dado que casi nadie vive de la escritura, las estrategias organizativas se tornan fundamentales: priorizar la escritura sobre otras tareas, escribir todos los días (aunque sea solo un rato), saber gestionar el tiempo, planificarse y estructurarse, fijar objetivos realistas, evitar la multitarea (potenciar la atención)... Cada escritor ha de encontrar (dentro de su carácter y de su circunstancia) la forma adecuada.

Con todo, es necesario mirar con perspectiva el quehacer

literario, como manifiesta Sergio Gaspar, para vivir con cierta paz:

> Comprendí con claridad que escribir y editar están sobrevalorados. Antonio Machado: «El arte es largo y, además, no importa». Una máxima para aliviarme los bloqueos: La literatura es una acción importante que carece de importancia. Hay que saber que es importante y hay que saber que no tiene importancia, y hay que vivirlo simultáneamente.

Como estamos viendo, el bloqueo es una señal y nos formula una pregunta en la que a veces puede ser difícil entrar. No hay que querer imponerse al bloqueo a toda costa, sino que a veces hay que parar y escuchar. Yolanda González distingue, entre sus bloqueos, aquellos causados por «exceso de documentación» de los «bloqueos emocionales (inseguridad, desaliento, desmotivación, falta de confianza)». Como afirma la escritora, estos últimos son más difíciles de superar.

En un interesante libro, *Sobre el bloqueo del escritor*, Victoria Nelson (1997) parte de esta concepción del bloqueo como señal, que nos ayuda a descubrir problemas de la escritura y de nuestro yo. Uno de los principales es el de la propia autoestima: la voz que no deja de decirte: «No sirves para esto», «déjalo, lo que has escrito es basura». Es necesario ignorar a conciencia esta voz y recuperar el placer simplemente de escribir. En otras ocasiones son las ambiciones excesivas, el deseo de reconocimiento, no saber digerir la crítica, la reescritura obsesiva, «las decepciones y frustraciones con la vida literaria» (Pablo Sánchez), etc. Casi todos estos problemas encierran, para Nelson, un conflicto entre el ego y el inconsciente, que hay que saber escuchar y que nos invita a conocernos mejor. En otros momentos, puede ser una situación traumática o una depresión la que nos lleve al silencio.

Finalmente, el escritor ha de saber discernir cuándo el proyecto que tiene entre manos tiene futuro y cuándo no, como dice Eva Díaz Pérez: «Hay un proyecto que avancé bastante y luego deseché porque se fue desinflando. Creo que es importante saber reconocer eso y no llevar hasta el final algo que no merece la pena». Es importante saber si hay que seguir o hay que descartar. Ursula K. Le Guin tuvo un paréntesis de tiempo sin escribir durante un período de dos años que pasó en Inglaterra, hasta que le llegó una historia «descorchadora», según sus palabras: la idea de su relato «Un viaje a la cabeza» bastó para devolverla a la escritura. A Thomas Wolfe le sucedió justo al revés: atascado en su ciudad estadounidense natal, fue el hecho de mudarse a Europa durante un tiempo lo que hizo explotar su creatividad y le puso a escribir de forma furibunda. Las recetas no funcionan para todos por igual.

Como vemos, no es posible proporcionar una receta para el bloqueo, pues puede tener diversas causas y pueden estar implicados distintos componentes del proceso creador, aunque solo podemos trabajar de manera efectiva sobre dos: el escritor (sus miedos, su formación, su tiempo, lo consciente y lo inconsciente...) y el texto (las ideas, la estructura, los aspectos técnicos). Con todo, esperamos haber arrojado algo de luz sobre este aspecto crucial. Ahora propondremos algún ejercicio.

Primer ejercicio: cambiar de arte

> Si la prosa es una habitación, la poesía es un hombre que la atraviesa envuelto en llamas.
>
> Anne Carson

En la línea de lo que comentábamos al principio del libro, dentro de las recomendaciones para estimular la imaginación, si estás bloqueado mientras escribes un texto, proponte cambiar de arte.

Piensa que lo que llevas escrito es el guión de una película: visualízala en tu mente, ¿cómo continúa? Imagina decorados, tipos de toma, enlaces de secuencia: ¿dónde te llevan?

Imagina que lo que llevas escrito es una pieza de ballet, una sinfonía, un cuadro del que solo tienes la sección inferior: cambia el enfoque, transforma tu historia en movimientos, colores o sonidos, desarróllalos, añádeles otros, cambia de registro artístico y toma notas de lo que ves u oyes, siéntete libre de inventar cualquier locura, hasta el despropósito más inverosímil. Anótalo todo, sal del cuarto, limpia la casa, friega los platos, ve a comprar comida, cocínala. Vuelve más tarde a las notas y mira a ver si te llevan a alguna parte.

Piensa en el poema, novela o cuento que llevas escrito hasta ahora, y conviértelo en un edificio. Las distintas escenas o ideas son habitaciones, los personajes son pasillos, el tiempo de la narración o el ritmo del poema van marcando los muros de esa construcción mental. ¿La tienes? Bien, ahora introduce mentalmente ese edificio dentro de otro edificio mayor, regido por principios constructivos diferentes. Si tu edificio tenía líneas rectas, que el edificio huésped sea curvo; si era curvo, geometrízalo como un paralelepípedo o una concentración de rectángulos superpuestos. Cuando lo tengas, tiende líneas entre la casa menor y la mayor, ¿cómo llegarías de una a otra, cómo deberían multiplicarse los espacios o estirarse los personajes, qué ganarías y perderías con el cambio, dónde irían las escaleras de incendios que necesita todo para salir huyendo de las llamas.

Segundo ejercicio: cambiar de mesa

Observa el modo tan interesante de crear y suscitarse ideas que tiene la poeta canadiense Anne Carson, según lo describe una de sus grandes lectoras, la filósofa Anna Pagés (2022, p. 63):

> En su obra, tanto la más académica *(Eros dulce y amargo,* de 1986) como en la poesía, la prosa poética y el libro-objeto, Carson trabaja con varias mesas en las que deposita fragmentos. Camina de una a otra hasta que consigue relacionar las piezas sueltas y así construir un pensamiento, una idea, una conexión.

Es un proceso de enorme potencial, que tú también puedes utilizar en tu beneficio. No es frecuente tener varias mesas disponibles, pero se pueden cambiar por cajones, o por superficies grandes, como una encimera o el propio suelo. Ve haciendo varias recopilaciones de trozos de papel: una donde apuntes ideas propias que no tengas muy claras, otro montón donde colecciones noticias que te han interesado o sorprendido, otro con citas de libros que te parezcan inspiradoras, otra resma de papeles con historias reales que hayas oído o que te hayan contado, etc.: puedes hacer tantos montones como clasificaciones se te ocurran.

El día en que tengas ganas de salir del bloqueo y ponerte a escribir sitúa todos los montones por separado en el suelo, en la encimera de la cocina o en una mesa grande que puedas liberar, y distribuye los papeles de forma que puedas verlos con claridad. Luego comienza a moverte de un montón a otro, por si surge el chispazo. Nunca sabemos de qué conexión puede surgir una buena idea.

Tercer ejercicio: las Estrategias oblicuas

En 1979, el músico Brian Eno y el artista Peter Schmidt publicaron un mazo de cartas llamado *Estrategias oblicuas*. En cada carta había una instrucción concreta de algo que hacer, que podía utilizarse como estrategia creativa inesperada. En su breve prólogo a la tercera edición, ya publicada como libro, daban a estas cartas dos posibilidades de uso: «Se pueden usar como un mazo (un conjunto de posibilidades en permanente revisión mental) o sacando una sola carta del mazo mezclado, cuando enfrentamos un dilema durante el trabajo. En este caso, se debe confiar en la carta, incluso cuando no resulta clara su conexión» (2015, p. 3). Es recomendable hacerse con el pequeño librito que las contiene, del que hay ediciones en español e inglés, entre otras lenguas. Lo ideal es tenerlo cerca de tu mesa de trabajo, porque, cuando estés escribiendo y te atasques, puedes sacar una de esas cartas (es decir, abrir el libro por cualquier página al azar) y fiarte ciegamente de sus muy diversos consejos.

Algunos dan muy buenas ideas: «¿Para quién es?», «Prestar atención a las distracciones», «Retroceder algunos pasos. ¿Qué más se podía haber hecho?», «Transformar un elemento melódico en un elemento rítmico». Otros son misteriosos como los antes citados *koan* japoneses: «¿Dónde está el borde?», «Cerrar la puerta y escuchar desde fuera», «Análisis de conjuntos». Los hay divertidos, pero que abren puertas sugerentes: «Llama a tu madre y pregúntale qué hacer». Algunos plantean cambios sutiles de dirección, que pueden generar efectos alternativos y feraces: «Hacerlo más sensual», «Intentar falsificándolo», «Dale la vuelta».

En todas las ediciones, tanto en forma de naipe como en forma de libro impreso, se incluyen cinco cartas o páginas en blanco, para que quien lee añada sus propias estrategias oblicuas. A nosotros nos gusta pensar que podemos añadir cartas en blanco dentro de esas cartas en blanco, o incluir este libro entero, escrito en letra muy pequeña, dentro de esos hermosos espacios vacíos.

V
Recomendaciones finales

Leer, leer, leer

Lo venimos diciendo a lo largo de todo el libro: para escribir, lo único *absolutamente indispensable* es leer mucho y bien, durante toda la vida –pero, especialmente, antes de comenzar a escribir–. Ya sabes por qué: debemos leer para instruirnos a partir de las grandes figuras literarias; para darnos cuenta de las increíbles posibilidades existentes; para retener mecanismos, herramientas, trucos y destrezas; para aprender de los puntuales errores ajenos; para evitar repeticiones temáticas innecesarias y, lo que es peor, involuntarias; para tener humildad y ser conscientes de lo difícil que es aportar algo valioso, y tomarnos nuestro quehacer en serio. Lo mejor de todo es que nada estimula tanto a escribir como leer: es disfrutando de ese gozo como surgirá en nuestro interior la pulsión de continuarlo mediante la escritura.

Poner en duda los sentidos también es un camino

Si no has leído la novela *La invención de Morel* (1940), de Adolfo Bioy Casares, debería ser el siguiente libro por recorrer, una vez que acabes este que tienes entre manos, dentro de pocas páginas. *La invención de Morel,* esa joya de la narrativa argentina y universal, que para Jorge Luis Borges era la única novela «perfecta» que se había publicado nunca, tiene una peculiaridad cognitiva de enorme interés. Toda la novela supone, para su protagonista sin nombre, un choque continuado entre su percepción de la realidad y lo que efectivamente ve, toca, escucha, degusta, huele y percibe en la isla a la que llega, huyendo de un delito. Una grieta cada vez mayor se abre entre lo que percibe y lo que entiende respecto a lo que percibe, convirtiéndose la novela en una asombrosa parábola metafísica sobre la capacidad del entendimiento humano. Recuerda que Descartes pasó a la historia de la filosofía por poner en cuestión los sentidos como fuente única y exclusiva de conocimiento. Esta novela de Bioy Casares, a través de la imaginación y de una técnica literaria impecable, llega a conclusiones parecidas.

Recordar que recorrer el camino es más apasionante que terminarlo

Creemos que pueden ser de interés para ti estas palabras del campeón mundial de atletismo Noah Lyles:

> Lo bonito de la final del domingo es que me mostró que todavía tengo mucho que aprender sobre los 100 metros. Los 200 metros los conozco como la palma de mi mano. Es fácil. Es natural. Los 100 metros son como mi mano izquierda. Sé

> que la tengo, la conozco, pero no puedo escribir mi nombre tan bonito con ella. Pero sé que puedo conseguirlo. Algún día escribiré con ella como con mi mano derecha. Estoy emocionado por descubrir lo que me va a costar llegar hasta ahí (en Arribas, 2023).

Ser consciente de que percibir es la clave

La percepción, como hemos visto, lo es todo a la hora de escribir. Trabajar en nuestra capacidad perceptiva y, sobre todo, tener presente el modo en que las estrategias sensoriales que apliquemos sobre el texto van a conectar con la sensibilidad sensorial del lector es una de las principales claves del trabajo que debemos desarrollar. Vincular universalmente percepciones: he ahí una posible definición de la escritura literaria.

Por este motivo, cuando leas grandes obras, clásicas o contemporáneas, observa con detenimiento su modo de percibir, advierte los mecanismos utilizados para alertar o estimular tus sentidos, fíjate bien en la manera de visualizar atmósferas u objetos, así como la forma de enfatizar la sensorialidad del mundo imaginado, recogido o recreado. Nunca dejamos de aprender. Siempre es interesante, para mejorar nuestra escritura, percibir la percepción ajena.

Recordar que…

- No conviene abusar de ningún recurso, efecto, figura retórica, truco o estrategia creativa. Quien lee nuestro texto detecta rápidamente ese exceso y deduce que nuestra imaginación es limitada y que nos conformamos con unos pocos mecanismos. Se traslada una sensación de pobreza de recursos que afea la obra. Es mejor variar, emplear efectos diferentes, no repetirse.
- «Hay que empezar con la voluntad de que aquello que escribimos va a ser lo mejor que se ha escrito nunca, porque luego siempre queda algo de esa voluntad», Gabriel García Márquez (en Cutillas, 2016, pp. 46-47).
- Tener presente que una personalidad literaria propia debería traducirse en una *escritura* propia.
- «La obra bien hecha no es la que así aparece ante los demás sino la que con este calificativo se presenta ante uno mismo», Rafael Argullol, *Danza humana* (2023, p. 157).
- Compartir tu trabajo con amistades o colegas y leer sus obras, comentándolas de modo constructivo, para mejorarlas.
- «No dar lecciones, omitir lo que es transitorio», Antón Chéjov (2005, p. 81).
- Ser autocríticos con nuestro trabajo, pero no demoledores ni caer en el autoboicot.
- Corregir y pulir lo escrito, pero no sobrecorregir: «La corrección nunca es corrección de lo esencial. En el

proceso de escritura la palabra tanteante se va encontrando o se va engendrando a sí misma. La corrección consiste solo en reajustes que la palabra esencial impone. El proceso prolongado al que el poeta está sujeto para llegar a ser es el proceso sumergido o radicalmente interior a su gestación. El poema *gestado* es el poema natural. El poema sobrecorregido es un producto artificial, como una gestación fuera del útero», José Ángel Valente, *Notas de un simulador* (1997, p. 21).

- Aceptar que el proceso de escritura tiene sus días buenos y malos, y sus años de siembra y recolección con sus quizá inevitables períodos de sequía. Pero debemos tener siempre una actitud positiva y alerta, mantenernos siempre perceptivos y atentos a lo que sucede y a lo que nos sucede. Solo así las ideas llegarán. Y, a partir de entonces, el resto queda en nuestras manos.

Agradecimientos

Para escribir esta guía fue indispensable el apoyo recibido para el desarrollo del proyecto de investigación en el que se enmarca, titulado «Hacia una teoría cognitiva de la imaginación creadora desde fundamentos teóricos, estéticos y neurocientíficos» (Universidad de Sevilla/Junta de Andalucía/Fondos FEDER Unión Europea, US-1381037), del Departamento de Literatura Española e Hispanoamericana de la Facultad de Filología de la Universidad de Sevilla, proyecto en el que, además de los autores de esta guía, también participaron los profesores María Jesús Orozco, Miguel Nieto y Javier García Rodríguez.

Queremos agradecer, por tal motivo, a las entidades financiadoras del proyecto: el Fondo Europeo de Desarrollo Regional (FEDER) y la Consejería de Transformación Económica, Industria, Conocimiento y Universidades de la Junta de Andalucía, dentro del Programa Operativo FEDER 2014-2020. Asimismo, queremos extender nuestra gratitud al indispensable apoyo prestado por Isabel Clúa Ginés, directora del Departamento de Literatura Española e Hispanoamericana, y a la gentil y eficaz colaboración de Encarni Moreno Barragán y María del Mar Fernández Valiente. También agradecemos a Alba Editorial la confianza que, desde el primer momento, mostró en esta iniciativa, y el esfuerzo y el cuidado con que ha trabajado con nosotros en esta guía.

Por último, y de manera muy especial, deseamos agradecer de corazón el apoyo de nuestras familias durante la escritura de estas páginas, que hubieran sido imposibles sin ellas.

Bibliografía

Argullol, Rafael: *Danza humana,* Acantilado, Barcelona, 2023.

Arribas, Carlos: «Noah Lyles: "Nadie merece más que yo el título de rey del esprint"», *El País,* 22/08/2023, https://elpais.com/deportes/2023-08-22/noah-lyles-nadie-merece-mas-que-yo-el-titulo-de-rey-del-esprint.html.

Breithaupt, Fritz: *El cerebro narrativo. Lo que nuestras neuronas cuentan,* Sexto Piso, Madrid, 2023.

Burroughs, William: «Sobre Freud y el inconsciente», *Fractal,* núm. 53-54, abril-septiembre de 2009, año XIV, vol. XIV, traducción de Ilya Semo. Accesible en: https://www.mxfractal.org/RevistaFractal5354WilliamSBurroughs.html.

Cernuda, Luis: *La realidad y el deseo (1924-1962),* prólogo José Ángel Valente, Alianza Editorial, Madrid, 1998.

Chéjov, Antón: *Sin trama y sin final. 99 consejos para escritores,* ed. Piero Brunello, Alba Editorial, Barcelona, 2005.

Cutillas, Ginés: *Lo bueno, si breve, etc. Decálogo práctico de microrrelato,* Editorial Base, Barcelona, 2016.

Damásio, António: *Sentir lo que sucede. Cuerpo y emoción en la fábrica de la conciencia,* Editorial Andrés Bello, Santiago de Chile, 2000.

Eno, Brian, y Peter Schmidt: *Estrategias oblicuas,* Zindo y Gafuri, Buenos Aires, 2015.

García, Concha: «El estribillo del alma», en Alejandro Duque

Amusco (ed.), *Cómo se hace un poema. El testimonio de 52 poetas,* Pre-Textos/El Ciervo, Valencia, 2002, pp. 187-189.

Gil, José María: «Qué es la creatividad lingüística: una explicación neurocognitiva a partir de nombres de comercios de Mar de Plata», *Logos (La Serena),* vol. 28, núm. 1, 2018.

Gospodínov, Gueorgui: *Física de la tristeza,* traductores: María Vútova y Andrés Barba, Fulgencio Pimentel, Logroño, 2018.

Goytisolo, Juan: *Juan sin Tierra,* Seix Barral, Barcelona, 1975.

Hernández Navarro, Miguel Ángel: *Presente continuo. Diario de una novela,* Editorial Balduque, Cartagena, 2015.

Hernando Cuadrado, Luis Alberto: «Lengua y estilo de *El Jarama», Cuadernos para la investigación de la cultura hispánica,* 30, 2005, pp. 379-398.

Jiménez, Juan Ramón: *Lírica de una Atlántida,* ed. Alfonso Alegre Heitzman, Galaxia Gutenberg, Barcelona, 1999.

Juan-Cantavella, Robert: *La realidad. Crónicas canallas,* Malpaso, Barcelona, 2016.

Laforet, Carmen: *Nada,* ed. Rosa Navarro Durán, Austral, Madrid, 2022.

Montagu, Ashley: *El tacto. La importancia de la piel en las relaciones humanas,* Paidós, Barcelona, 2004.

Montejo, Eugenio: *El cuaderno de Blas Coll,* Pre-Textos, Valencia, 2007.

Montero, Rosa: *El peligro de estar cuerda,* Seix Barral, Barcelona, 2022.

Montes, Felipe: *Taller de escritura. 1303 ejercicios de creación literaria,* Berenice, Córdoba, 2008.

Mora, Vicente Luis, y Carlos Peinado Elliot (eds.): *Escritura creativa e imaginación literaria: de la práctica a la teoría,* Dykinson, Madrid, 2022.

Navarro, Elvira: *La isla de los conejos,* Literatura Random House, Barcelona, 2019.

Novalis: *Enrique de Ofterdingen,* traducción y notas de Eustaquio Barjau, RBA Editores, Barcelona, 1994.

Ortega y Gasset, José: *Ideas sobre el teatro y la novela,* Alianza Editorial, Madrid, 1982.

Pagés, Anna: *Queda una voz. Del silencio a la palabra,* Herder, Barcelona, 2022.

Payeras, Javier: *Biografía de la imaginación,* Morales Santos editor, Ciudad de Guatemala, 2021.

Paz, Octavio: *El mono gramático,* Seix Barral, Barcelona, 2001.

Pessoa, Fernando: «El guardador de rebaños», trad. Mario Bojórquez, *Altazor,* año 4, https://www.revistaaltazor.cl/alberto-caeiro-3/, 2022.

Peyrou, Mariano: *Tensión y sentido. Una introducción a la poesía contemporánea,* Taurus, Barcelona, 2020.

Proust, Marcel: *Por el camino de Swann,* Verbum, Madrid, 2020.

Sánchez Ferlosio, Rafael: *El Jarama,* 22.ª ed., Destino, Barcelona, 2001.

Silva Olazábal, Pablo: *Conversaciones con Mario Levrero,* Ediciones Contrabando, Valencia, 2017.

Süskind, Patrick: *El perfume,* Seix Barral, Barcelona, 1997.

Valente, José Ángel: *Notas de un simulador,* Ediciones La Palma, Madrid, 1997.

Vázquez Alonso, Mariano José: *El escritor sin fronteras. Las claves de la escritura creativa,* Robinbook, Barcelona, 2013.

Vázquez Medel, Manuel Ángel, Francisco Mora y Antonio

Acedo García: «Escritura creativa y neurociencia cognitiva», *Arbor,* 196 (798): a577, 2020.

Vega Álvarez, José Antonio, e Iván Suazo Galdames: *El tacto. Tocar y sentir,* RIL Editores, Valparaíso/Barcelona, 2021.

Este libro se acabó de imprimir en mayo de 2024
en los talleres de Liberdúplex, s. l.
Ctra. BV 2241, km 7,4
Polígono Torrentfondo
08791 Sant Llorenç d'Hortons
(Barcelona)